Health Through Will Power

意念的治癒力

詹姆斯・約瑟夫・沃爾什——著
佘卓桓——譯

習慣破除 × 飲食調理 × 精神診療

十九世紀神經學大師帶你用意志克服生心理困境

目錄

目錄

前言

在第一次世界大戰爆發的第三年，法國已因戰爭而失去了大批優秀的年輕人。此時，一名法國醫生說：「沒錯，我們的確正在喪失許多優秀的年輕人，但是每當我們失去一位優秀的年輕人，我們都會擁有兩名更為優秀的年輕人！」當然，他這句話的真實意思是戰爭能夠把每個人的潛能更全面地激發出來，從而能讓一個人發揮的力量等同於之前兩個人所發揮的力量。當然，這位醫生僅僅是做了比喻性的說法而已。但一位經歷過戰爭洗禮的人，確實能夠做到他之前認為自己根本無法做到的事情，因為此時他已經完全發掘出自己的潛能，從而體認到之前自身沒有意識到的巨大潛力。最重要的是，他發現憑藉自己的堅強意志，可以讓自己果敢地做成一些事，認為在竭盡所能的情況下，自己就可以創造奇蹟。

簡言之，戰爭能夠喚醒我們人類對美好生活的執念與堅強意志。這場戰爭中最為著名的統帥福煦（Ferdinand Foch）就曾斬釘截鐵地斷言：「所謂戰役，不過是兩種意志之間的較量。只有在我們自身接受失敗之後，我們才是真正地失敗了。只有當我們承認自己失敗之後，我們才是真正徹底失敗了！」

前言

我們這一代人已經開始專注於智慧的發展，而不再像過去那樣忽視意志的作用了。「炮彈休克」是一種首次出現於第一次世界大戰的怪病，其病因至今尚未明確，現代醫學普遍認為是神經性疾病的一種。患者會出現持續不斷的噩夢、害怕孤獨等多重症狀。戰爭的體驗已經讓我們明確了解這一點，那就是智力有很大程度是不良暗示的源泉，而意志則是控制疾病最重要的因素。關於意志能量所發揮的巨大作用，可以從這場戰爭中找到實例。本書的主旨在於，幫助人們了解意志在人生中所扮演的關鍵性作用，意識到意志超越了人生中的其他因素，對我們擁有健康的身體及遠離疾病都有關鍵性的影響。現在應當是我們正視意志的作用，並且利用意志去改變我們生活的時候了。我們可以看到現代許多關於智力的吹捧，最終反而讓我們迷失了前進的方向，看不到真正的解決問題之道。

第一章　生命的意志

只要是真心想做的事，人們就一定會付諸實踐，並且做得很好，這證明了世界上一切皆有可能。

——《特洛伊羅斯與克瑞西達》（*Troilus and Cressida*）

意志對健康及身體活力所具有的決定性影響早已被我們所認知。不僅是心理學家與那些特別關注心理疾病治癒方面的人，許多醫生及大眾也都對這一結論表達認同。例如，兩位非常親密的人同時罹患疾病，其中一人因此過世，而另一人則吸取了死者在患病期間的教訓，小心翼翼地避免自己出現同樣的結果。這樣的現象清楚地說明了一點，當我們感受到死亡所帶來的劇烈痛苦與強烈心理衝擊，或是在聽到病情可能持續加重的消息後，內心肯定會無比低落，即便是個別病人康復的消息都無法讓我們振奮起來。我們想要保持健康的身體或是治癒疾病的念頭正在持續被削弱，給我們的康復帶來了嚴重的後果。有人已經充分注意到了這一點，那就是無論因為自身的漫不經心而導致身患疾病，還是由於他人的去世，都必然會給我們的內心帶來一種嚴重的不良影響，這幾乎已經成為慣例。雖然部分患者最終得以康復，部分患者遺憾地與世長辭，但這都不會改變我們當時的那種心情。產生這種情況的主要原因並非單純是因我們在那時所感受到的心靈震撼，而是因為我們內心已經悄然開始對此「放棄」了，缺乏繼續存活下去的鬥志，而這樣的鬥志對想要康復的我們來說，是無可替代的心理支柱。

意志對我們身體所造成的影響，幾乎超出我們的想像，即便是在身體已經無法從根本上逆轉不利形勢的情況下，也是如此。我們經常會聽到一些人說，某某人就是靠著

「意志」而存活的；這些人吃著微不足道的食物，卻能夠完成許多工作……。這些話背後的事實是讓我們感到震撼的。一般來說，這些話只不過是一種假託之詞，是為了解釋某些特殊情形。人類意志本身就會幫助我們延長生存時間，當然所能延長的時間長短也是由我們的身體狀況來決定的。生命在最後都必然會終結，這在絕大多數人眼裡都是一個不爭的事實。但也有一些被記錄下來的例子讓我們感到震撼，因為這些例子說明人類透過意志去延長生命是完全有可能的，而且效果遠超出人們的預期。作為一種生存因素，意志的作用是極其明顯的，只要活躍的意志過程出現停頓，那麼生命就會逝去，個人就會在生理層面上迅速進入死亡狀態。許多醫學研究都表示意志必然是在生命消失之前就已經喪失了的。

也許，許多醫生都經歷過垂死的病人存活的時間超出他們預期的情況，因為這些病人可能是正在等待著遠方的朋友前來見自己最後一面。垂死的母親之所以能夠堅持活下來，是因為她想在臨死之前能夠擁抱一下自己的子女；垂死的妻子之所以會堅持活下來，是因為想要見丈夫最後一面，跟他進行最後的道別——雖然就身體狀況而言，他們不太可能做到這一點，因為他們的生命個體允許的存活時間已經所剩無幾。當然，很多這方面的例子都是缺乏真實性的，但其中一些特例也足以證明這個事實：絕大多數人都沒有充分運用他們自身的意志能量，或者說，在生活中從未想過要運用意志的能量去給自己一些幫助，這讓他們在需要時，根本沒有意識到意志力量的存在。不知為何，我總是確信，很多偏鄉醫生總是會告訴我們的一些故事，從而證明人是可以用意志來抵抗死亡，或是拖延死亡到來的時間，而一旦病人放棄了使用意志的能量，那麼他們很快就會與世長辭。

斯托克斯教授是十九世紀愛爾蘭的一位著名臨床醫生，他在研究心肺方面的成就至今仍對醫學發展產生重要而深遠的影響，他的大名通常都會與心肺方面的疾病連結在一起。他曾講過自己在都柏林的一家醫院所遇到的病例，該病例可以充分說明很多問題：一位年老的愛爾蘭人在年輕時曾參軍入伍，多次負傷，現在疾病纏身，躺在醫院裡等待著死亡的到來。斯托克斯教授在對這位病人進行了認真仔細的檢查之後，宣稱病人最多只能活一個星期。但一個星期過去了，這位病人依然還活著，儘管他的身體狀況更加糟糕了。斯托克斯教授向自己的學生們說，這位老人在熬過了一星期之後，最多還有一兩天的時間可活，但這位病人卻依然頑強地存活了一段時間，並且每天都向斯托克斯教授問好。在屢次預測失敗後，斯托克斯教授及他的學生並沒有失去照顧病人的耐心，同時，他們對這位病人所表現出來的生命力感到不可思議。一些學生甚至打賭這位老人還能夠活多久。

某一天，這位老人用愛爾蘭人所特有的口音對斯托克斯教授說：「醫生，您必須要想辦法讓我活到下個月的一號，因為那時，我的養老金才會到帳。除非這筆錢到帳，否則他們根本沒錢將我埋葬。」

此時離下個月還有十幾天的時間。斯托克斯教授對學生說，不要聽這位病人的「胡言亂語」，考量病人如今的身體狀況，他根本不可能活到那時。但出乎他們意料的是，他們每天早上過來查房時，這位老兵都依然躺在床上，根本沒有顯露出要離開這個世界的預兆，似乎他距生命的終點依舊遙不可及。終於，他撐到了一號的早上。斯托克斯教授走進病房，老兵用微弱的聲音對他說：「醫生，關於養老金的單子都在這裡，請您幫忙簽收一下！然後，我的家人就能夠獲得這筆養老金。我很高興您能讓我活到這一天，因為他們現在肯定有錢來安葬我了。」當他看到醫生簽完名字之後，似乎就已經準備好迎接死神的到來，幾個小時後，這位老兵的生命終於走到了盡頭。之前，他之所以一直能夠堅持生存，完全是靠著意志力在支撐，因為他的心底一直有一個讓他堅持下去的目標。當這個目標最終得以實現，他終於卸下心防，迎接死神的到來，所以他的生命也很快就結束了。

還有一個關於十九世紀法國監獄的故事，同樣能說明意志力在延續生命的過程中所具備的能量。這個故事還說明了一點，那就是在人們看似接近死亡，業已無可挽回時，依然能夠憑藉著意志的能量堅持一段時間。按照當時的傳統，假如犯人在監獄裡過世，他們就會被埋在生石灰之下。這樣的傳統留存至今。曾閱讀過奧斯卡．王爾德（Oscar Wilde）的小說《瑞丁監獄之歌》（*Ballad of Reading Gaol*）的讀者都會了解到這個細節。在當時，愛爾蘭的監獄依然保持這種野蠻的傳統。愛爾蘭在一九一六年投降後，很多犯人就是在監獄中遭到處決後，被埋在生石灰之下的。凱爾特人特別反感這種做法。關在法國監獄裡的一位凱爾特人來自布雷頓，他是一個非常傳統的凱爾特人，對於自己死後可能要被埋在生石灰下感到恐懼。當時，身陷囹圄的他罹患了肺結核，而監獄方對此也沒有予以任何治療，因為他們都知道他遲早是要死的。但是，這位犯人害怕自己在監獄中死後，遺體會被埋在生石灰下面，一想到這點他就不寒而慄。

在當時的監獄醫生看來，他絕對會在刑滿釋放之前就死於疾病。即便如此，這位犯人還是勇敢地宣稱，絕對不會讓自己在服刑期間去世，從而避免自己的遺體遭受那樣慘無人道的對待。他所表現出來的決心遭到了醫生的嘲笑。醫生聳聳肩，認為這樣的想法是不會對延長壽命有任何幫助的。雖然醫生都一致認為他的死期將近，但他依然頑強地生存著；雖然每天都表現出肺結核的症狀，但他還是堅持了數年時間。最後，醫生們都開始特別留意他這個病例。根據一般的醫學觀察，他已經比之前預測的死亡時間多活了幾個月，所以他必然不久於人世。事實上，他竟然熬過了刑期，且在刑滿釋放後，立即派人去安排自己死後的安葬事宜。在他走出監獄的二十四小時之內，當他確定了自己不會被埋在生石灰之下，而是可以像其他基督徒那樣，長眠於泥土之中時，他的意志就放棄了抵抗，迅速離開了人世。

透過意志的能量去延長生命的例子，還可以經由其他方面的重要階段得到驗證。我們常注意到，某些人過著極為繁忙的生活，每天都必須很長時間工作，晚上只睡三、四個小時，但他們依然有足夠的精力去完成很多常人認為不可能完成的任務或工作。更為重要的是，這些人往往都能夠長壽。諸如亞歷山大．洪保德等人，年輕時就在科學領域嶄露頭角，著作等身，多年之後孤身一人勇闖熱帶的不毛之地，在巴拿馬與中美洲進行考察。而在他人到中年時，他的著作已深刻影響了整整一代人。

普魯士王國的首相也是一位工作勤奮、精力旺盛的人，壽命超過了九十歲。在他四十歲時，他就坦承自己每天晚上只睡兩到三個小時，有時甚至只是在沙發上躺一會兒，而不是在舒適的床上好好睡一覺。

十九世紀末期，教宗良十三世同樣是這種類型的人。在他六十四歲時，他當選為教皇。因為身體虛弱，所以很多人都認為不用過多久，就將會有另外一場教皇選舉。良十三世每天都要做繁重的工作，且成功履行了自身的職責，最後他甚至比之前的教皇活得更長，打破了他很快就會去世的傳言，最終活到了九十三歲。

還有許多這方面的例子。英國首相格萊斯頓（William Gladstone），他也許是十九世紀全世界最偉大的政治家，他每天都要讓自己處於一種忙碌的狀態之中。與此同時，他還是卓有成就的學者、涉獵廣泛的作家，並且對任何有關人類的事情都懷有濃厚的興趣。最後，他還是活到了八十多歲。

德國的俾斯麥與毛奇所承擔的重任幾乎是十九世紀的其他人所無法承受的，但是他們都活到了八十歲以上。俾斯麥在他八十一歲生日那天，還認為人生所有美好的事情都會集中在此時此刻，他的人生會在下一個八十年的時光裡變得更加輝煌多彩。

我永遠都不會忘記坐在美國著名詩人湯瑪斯·鄧恩·英格里斯旁邊的情景：在賓夕法尼亞州大學的一個校友宴會上，英格里斯不斷地向我們表達出積極的人生理念。當時他已經年過八旬，但依然精神矍鑠。即便年事已高，他依然沒有清閒下來，還是喜歡與年輕的校友進行有趣的交談。

我親愛的老師維喬是一位卓有成就的人。有人說，當他離開這個世界的時候，其實是四個人同時離開了。因為他不僅是傑出的病理學家，而且還是著名的人類學家、研究醫學發展的歷史學家以及公共衛生專家。他七十五歲時依然保持著旺盛的精力，每天所完成的工作可以抵得上兩到三個年輕人的工作量。他在八十一歲時去世了，這並不是因為身體上的疾病，而是緣於一次不幸的車禍。我可以想像，假如沒有這次事故，他依然會繼續健康地生活下去。

馮·蘭克，這位專門研究教皇發展史的偉大歷史學家，在他年過九旬時，依然計劃著十二卷恢弘巨著的創作，且準備每年完成一卷的寫作。我發現，他最終竟然完成了其中六卷的創作，這是多麼了不起的成就啊！我的一些朋友在美國從事醫學方面的研究，這些朋友在中年時幾乎都異常忙碌，過著緊張而活躍的生活。斯蒂芬·斯密斯、湯瑪斯·艾迪斯·艾美特、約翰·W·格利、威廉·漢娜·湯普森，這些人都是在前不久才剛剛過世的，還有威爾·米切爾前不久才剛度過了八十五歲生日，這些人都始終過著忙碌而充實的生活，且都擁有很長的壽命。

上面所提的這些人都擁有一種強大的意志能量，正是這樣的意志能量，讓他們始終能夠專注於眼前的工作。當他們運用這種意志能量時，不僅不會空耗能量，反而更能挖掘自身潛能，將他們之前所無法看到的潛力全部展現出來。意志能量的強度似乎對他們的生活產生了極為深遠而廣泛的影響。正是這種對意志能量的挖掘，讓他們不僅事業有成，且還福壽綿長。與一般人所持觀點完全不同的是，辛勤工作是不會帶給我們強烈疲憊感的，相反，還會帶來充沛的精力。經常聽到有人說，辛勤的工作會扼殺人的精力，讓人過早鑽進墳墓。但我身為一名醫生，在仔細研究了一些病例之後，從未發現人所感到的疲憊是源於辛勤的工作。潛伏的腎臟疾病、風溼性疾病以及肺部感染等疾病都是典型的例子。這些疾病最後所導致的死亡，並不是因為辛勤工作，而是這些疾病本身所造成的。還有一點我必須要提醒讀者，這些疾病隨時可能降臨在任何一個人身上，與辛勤工作並沒有任何必然性的關聯。這就像是遭遇某些事故或面臨運氣不佳的情況，與我們遭受微生物的襲擊或是被一輛電車撞到的機率是毫無二致的。當我們運用意志去迎接生命中的挑戰，這不僅給我們帶來更多源自於生命本源的力量，而且還讓我們更能感受到人生歷程的充盈。要說什麼東西是真正會讓人心被逐漸腐蝕的話，那應該就是懶惰了。過度的休息只會帶給我們傷害，因為這反而比辛勤工作消耗掉更多的能量。

因此，我們可以說意志的能量是身體活力的核心源泉，能夠不時地抑制身體可能出現的致命變化，因此也是延長壽命的決定性因素之一。意志的能量代表著健康最為重要的源泉，讓我們擁有足夠的能量去獲得成功。不幸的是，在最近幾年，意志的能量嚴重的遭到人們的忽視，當然這是很多原因所共同導致的結果。其中一個原因就是，我們關於意志自由的討論以及決定論的一般性內容，似乎都要把意志這種獨立性的功能排除在外。雖然這樣的思想只是影響到了那些接受過高等教育的階層，但他們所產生的影響無疑是廣泛的，會影響很多人對意志能量的看法。除此之外，報紙、雜誌以及一些作家，都在強調一些缺乏意志自由的思想，讓許多人在面對使用意志時，抱著一種不信任的態度，想要製造出這種思潮，即我們是環境的產物，而並非自身命運的控制者。因此，這樣的思想很大程度的影響著我們意志能量的有效釋放。

除了智力的因素會不斷消耗我們自身的意志能量外，另一個抑制意志能量釋放的因素更為重要，就是現代人都習慣於享受舒適的生活，這樣的生活並不需要他們耗費多大的意志能量就能完成事情。現代人所吹捧的社會進步，不過就是想盡辦法讓生活過得比之前更加舒適一點。幾個世紀前，在人們眼中顯得極為奢華的生活，現在已經成為大眾生活的一種常態。現在，我們再也不會任由冷風鑽進房子裡，也不需要長途跋涉地前往目的地，讓自己疲憊不堪。很多人都把身體的能量留存下來，用來享受生活。當我們將生活變得越來越舒適的同時，也必然會產生一種負面影響，即我們無須特別耗費某些精力去完成一件事，因此，我們的意志能量也就無法得到充分的展現與運用。我們想盡一切辦法去避免消耗自身的能量，並且認為被積累下來的精力可以被用於實現更為高尚與美好的目標。

動物身上的能量累積是一件非常有趣的事情：動物所累積的能量不會超過身體所限制的範圍。牠們所累積的能量都只是為了一個目的而存在：透過身體的活動不斷地消耗，讓肢體從事各種活動，而絕不會為了做一些有用的事情去消耗能量。這個過程在電學領域就被稱為「短路」，這種情況會讓我們明白，人類目前的發展趨勢到底有多糟糕。雖然我們得到了過於舒適的生活，但這可能會帶給我們的人生截然相反的效果。事實上，這樣的舒適生活通常只會帶來負面的影響。我們一開始可能不會注意到這一點，除非我們能夠對生命的模式進行認真的分析與思考，並且將精力與分析特別指向意志與能量的使用層面，否則我們很難明白這種生活所帶來的負面影響究竟有多大。

意志與身體組織所具有的其他功能一樣，都是在不斷使用與鍛鍊的情況下獲得發展的，而一旦我們不去運用意志的話，就必然會變得遲鈍。現代生活很多時候都不再需要我們去喚醒意志的能量，因此很多人的意志能量不斷出現嚴重萎縮也就不足為奇了。這樣的發展趨勢導致的必然結果是，很多原本可以展現出巨大意志能量的人，最後都被白白埋沒了。這是一個讓我們感到極度遺憾的現實，因為意志能夠幫助我們運用自身潛藏的資源，假如沒有這種意志的存在，那麼這樣的潛能可能永遠都會埋藏在內心深處。威廉．詹姆斯（William James）教授在他那本經典著作《人的能量》（*The Energies of Men*）中，就特別強調這個事實，即極少數人可以透過自身的行為去實現最大化的成就。在這本書中，他這樣寫道：「一般而言，人們已經習慣性地只運用自身的一小部分能量。若想將自身的潛能全部挖掘出來，這就需要讓他們置身於某種良好的狀態下。」

詹姆斯教授的這個觀點讓我們了解到：意志能量能夠讓我們把生活與人生旅程變得更加美好。在書中，詹姆斯教授還引用了普科勒．穆斯克王子的這段話：「每當我想到人類有足夠的能力從一些最為細微的物體當中製造出武器等精密的物件時，我的內心就感到極度的滿足與歡欣。可以說，這是人類意志能量的充分展現，這證明了意志的能量幾乎是無所不能的，可以為我們的生活帶來無數的可能性。」

意志的能量因此也被我們認為是無所不能的。要是人們之前沒有好好的運用意志的能量，去維護自身的健康或是治療疾病，我們現在就需要重新認識意志能量的重要性。戰爭讓我們從年輕士兵的身上了解到一點：人類的意志從根本上來說是不會喪失分毫的，只要我們牢牢抓住與掌控意志的能量，那麼就可以創造出任何奇蹟。如果這場戰爭能夠為我們帶來什麼「遺產」，那就是我們更能運用意志的力量。而軍事訓練與戰爭的需求能夠把這些能量全部激發出來。人類所能做的工作或是所能承受的事情，都遠遠超出他們之前的預想。正是在這樣的行為以及承受的過程中，我們可以找到一種遠遠超越表面愉悅的深層滿足感，因為後者不僅滿足了我們身體層面的需求，而且還滿足了我們深層的精神需求。當我們不斷訓練自身的忍耐力，不斷努力工作時，意志的力量不僅不會讓我們感到過度疲倦，反而會讓我們的能力變得更強；這不僅不會削弱我們的能量，反而會讓我們的能量變得更加強大，為我們的人生打開更多的通路。

這種自律意識的訓練對美國年輕的士兵會產生重要的影響。很多士兵在從軍之前，都過著非常舒適的生活，幾乎不需要為生計而費神，也沒有經歷過人生中的沉痛挫折。阿格尼斯·雷普利爾女士向《十二月的世紀》投稿時所寫的一封信就能充分說明這一點。雷普利爾女士在信中所提到的情況並非絕無僅有。很多從小在舒適環境中成長的士兵，都常會寫給家人類似的信件，這種信實質上代表著年輕士兵們的普遍心聲。雷普利爾女士說，這封信「來自一位美國中尉，他從小就過著嬌生慣養的生活」。這位中尉在一九一八年早春時寫給家裡這封信：

淅淅瀝瀝的春雨下個不停，我周圍的土地沒有一寸是乾燥的，我只能蜷縮在一個泥潭裡，身邊還有許多法國青蛙，我已經完全忘記了躺在一張乾爽床鋪上的感覺。但我現在身強體壯，堅硬得就像是一顆釘子。我能夠吃得下鐵屑，能夠站著入睡，這個世界上是否還存在雨傘這種東西，我都已經不再明確。

如果我們能夠持續保持這種意志能量的釋放，那麼人生就會變得更加美好、幸福。因此，我們說，這場戰爭其實從某些方面也帶給我們一些正面而有益的補償。

第一章　生命的意志

第二章　恐懼

哦！他控制著你的意志，世界上只有笨蛋才會任由別人操控。

——《錯誤的喜劇》（*Comedy of Errors*）

第二章　恐懼

在第一章對意志的能量進行了深入的闡述之後，絕大多數讀者都會為他們未能充分利用意志的能量而感到吃驚。誠然，絕大多數人都沒有好好地運用意志儲存的力量去增強身體的能量與活力，從而讓它們得以被運用。這些沒有得到運用的意志能量最後也只是被隨意地浪費掉了。倘若我們對人們的日常生活環境進行一番仔細的研究，就會發現意志無法得到充分運用的理由是相對容易理解的。讓人遺憾的是，意志的能量從來都沒有被人們自由地運用。我們內心疑惑的狀態或是猶豫不決的態度猶如一個閘門，始終將意志的能量緊緊關閉在裡面。很多負面的思想都讓人們不願意打開這扇閘門。內心的恐懼感讓很多人都選擇把自己封閉起來，從而影響了他們的許多行為。直到現在，依然還有許多人認為自己無法做好許多事情，或是認為自己只有在經歷過無比的艱辛或重重困難之後，才能夠有所成就。這樣的思想本身是沒錯的，但他們認為只有那些意志力極為強大的人才能夠進行這樣的嘗試，而認為像自己這種能力平平之人根本就沒有努力的機會與價值。許多人都不願意專注於某個具體的目標，因為他們害怕自己沒有能力去實現。很多人都認為自己無法像其他人那樣，在面對困難時可以巋然不動，缺乏足夠的勇氣去面對考驗，認為自己最後必然會在重壓之下走向崩潰。

一旦人們對自己失去了自信，認為自己沒有能力獲得某些方面的成功，那這樣的思想本身就會降低自我的行為效率，讓自己無法好好地運用能量。這就好比我們準備扯斷一條堅韌的繩索：一些知道如何扯斷繩索的人，會選擇把繩索纏在手上，然後充滿自信地一拉，繩索就會隨之斷裂；而那些擔心自己無法扯斷繩索的人，就會顯得猶豫不決，擔心自己根本做不到，就是這種三心二意的態度導致他們最後無法扯斷繩索。後者唯一能夠做到的事情，就是讓自己的手指受傷。其實這樣的傷害是完全可以避免的，他們也完全可以像前者那樣成功地把繩索扯斷。只是因為他們缺乏足夠的自信，在遭遇失敗之後，他們開始覺得自己與其他人不一樣，覺得自己的雙手不像其他人那麼有力，所以無法扯斷繩索。他們的內心始終懷有這種負面的思想，導致最後他們都不願意做出第二次嘗試。

各種恐懼的思想阻礙著人類的各種行為，讓人們缺乏自信。擔心自己會遭受失敗的思想，阻礙著人們無法將事情做得更好。這樣的情況古已有之。有個這樣的傳說：聖安東尼的一位門徒曾經詢問他，在朝聖之路上遇到的最大挫折究竟是什麼？要是我們能夠回想起健康與神聖其實從語言學的角度來看是同根同源的，那麼這個故事就會帶給我們更多的思考。聖安東尼就是以其善於抵禦各種誘惑的能力而聞名於世。在他一百年的人生歷程中，有七十年的時間都是在荒漠中度過的，且有相當長的一段時間裡都是孤身一人。也許，漫長的人生以及思考能讓他對人性內在的運行機制有深入的了解，從而為我們提供一些指引。他的這位年輕門徒與其他門徒一樣，都希望能夠在朝聖之路上走捷徑。聖安東尼對他說：「現在，我也老了，這一輩子的確遇到過許多挫折，但絕大多數的挫折其實根本沒有出現過，它們只存在於我的臆想當中。」

疑惑與猶豫不決所造成的夢魘會在我們消除這種恐懼感之後迅速消失。那些我們臆想出來的挫折或是困難，是需要我們努力去擺脫的，否則就會嚴重影響意志能量的發揮，最後讓我們幾乎不可能活得健康，也不再擁有神聖的精神。

很多人的一生之所以會一事無成，就是因為他們不知道造成失敗背後的祕密。他們總是在擔心最糟糕的事情可能隨時出現，害怕自己會面臨進退失據、一敗塗地的情形，這樣的想法摧殘他們的自信，漸漸地消磨他們的精力與毅力。任何能夠幫助他們擺脫人生恐懼的事情，都能成為取得成就的助力，讓我們的身體變得越來越健康。好的開始是成功的一半。若是我們能夠滿懷自信去努力做好一件事，那麼這幾乎意味著我們必定能夠把這件事做好。要是我們內心始終惶惶不可終日，擔心失敗隨時會降臨，擔心自己的努力隨時可能會付諸流水，那麼這樣的恐懼心理最後很有可能會在事情的結果上得到呈現。如果這些人都任由這種思想控制與擺布自己的話，那麼無疑他們的能量會大為削弱，他們付出的努力也會大打折扣，想取得成功就幾乎是一件不可能的事情。無論是就保持健康的身體與能量而言，還是就取得外在的成就而言，都是如此。人們需要獲取諸多的人生經驗，才能夠明白這些道理。他們所擔心的事情通常是毫無現實基礎的，完全是由他們憑空臆想出來的。但有些人就是永遠都無法意識到這一點。

通常來說，當我們使用「恐懼」一詞時，所想表達的意思就是一系列的精神或是心理、神經處於極度敏感的狀態，表示患有精神疾病之人會因此遭受巨大的痛苦。比方說，有些人對泥土會產生一種恐懼感，這就是人們所說的「不潔恐懼症」——一種被嚴重誇大的恐懼感，讓他們不敢把泥土握在手中，擔心泥土會把細菌傳播到他們手上，所以每天都要洗二十到四十次手。即便他們已經將手洗得乾乾淨淨，還是會感到自己的皮膚出現瘙癢，這完全就是因為他們內心的這種恐懼感所導致的。還有許多類似的恐懼症。有些人患有的恐懼症比不潔恐懼症更加荒唐。絕大多數人都會對高度產生一種恐懼感，即當我們置身於一個很高的地方往下看時，心會不由自主地顫抖一下，而內心的這種恐懼感會在每次登高時出現。有些人始終不敢坐在陽臺上或戲院的前排，或到教堂觀賞壁畫時都不願意跪地。這些人所感受到的內心恐懼感其實與懼高症是類似的。我的一些病人就是牧師，他們認為站在高高的祭臺上是一件極為困難的事情，當然，整個祭臺其實也不過五六層臺階的高度。

還有些人對黑暗會產生過度誇張的恐懼感，因此，假如不開燈，他們根本就無法獨自入睡。有時，這樣的恐懼感是源於他們曾遇過讓人恐懼的事情。我的病人中，有一位是在大學儲藏室裡工作的，他漸漸對黑暗產生了恐懼，每天晚上假如不開燈，根本無法入睡。因為有一天晚上，竊賊潛入了他的房間，他大聲地問：「你是誰？」結果，一顆子彈打在他的床頭。這件事讓他造成了嚴重的心理陰影。絕大多數的陰暗恐懼者——學名為「黑暗恐懼症」患者——都不會有這種明確發病理由。精神恐懼的受害者通常都會放任一些無關緊要的自然情感逐漸膨脹，最終讓他們感到痛苦不堪。

有些人根本無法待在一個密閉的區域裡。菲利普．吉伯特．哈梅爾頓，這位英國作家與畫家，每當坐火車出行時，都會覺得坐在火車包廂裡是無法忍受的折磨。因為封閉的環境會讓他的幽閉恐懼症變得更加強烈，最後將他的理智摧毀，他不得不中途下車。

毋庸置疑，還有許多類似的恐懼症，但這些恐懼症無一例外都會影響到我們的身體健康，對我們追尋人生的幸福構成障礙。我看到很多人都患有嚴重的精神疾病，為了克服這些內心的恐懼感，他們耗費了巨大的心力，使自己身心俱疲。這些恐懼症讓他們無法專心去做其他人可以輕而易舉就做到的事情，更讓人深感遺憾的是，這樣的恐懼症會嚴重影響他們意志能量的發揮。想抑制這些恐懼症的發作，只有一條路可走，那就是不斷地重複那些恐懼症阻止你去做的事情，直到這成為一種自我控制的習慣，讓你再也不會受到內心陰影的影響與掌控。幾乎所有人都會對一定的高度產生恐懼感，幾乎無一例外，但最近幾年來，成千上萬的人已經習慣了在高層建築裡工作，根本不會感到懼高症所帶來的內心折磨。一開始，主要是因為在大廈裡工作的薪水不錯，所以他們就來到這裡求職。最後，他們逐漸熟悉了這樣的環境，並且漸漸養成了自我控制的習慣。我的許多朋友都告訴我，他們一開始都認為自己根本無法忍受在那麼高的樓層裡工作，但隨著時間的流逝，他們也漸漸習慣了這樣的工作環境。之後，在高層建築裡工作就變成了一種自然的習慣，讓他們覺得跟在一兩層的建築或是平房裡工作是毫無二致的。

想克服這些恐懼症並不是一件易如反掌的事情，除非我們憑藉強大的理性，釋放一致的能量，從而將這種恐懼感覺全部壓制。我們必須要滿懷自信，不斷地堅持與這種恐懼症對抗，直到這種恐懼感最終被完全克服。很多英勇的士兵一開始都是非常害怕血腥場面的；一些最好的外科醫生在進行第一次手術時，根本都不敢使用手術刀，甚至會在見到病人的傷口時突然暈倒。但在經過了多次的訓練後，他們最終都成功克服了內心這種病態的敏感。事實上，在那些飽受恐懼症折磨的人群中，絕大多數都是因為屈服於內心那小小的害怕，然後任由原本微不足道的恐懼逐漸演變成一種習慣。因此，這需要我們採取行動，對恐懼症展開對抗，從而破壞這種壞習慣，而不要想成是克服一種自然的傾向。很多這方面的受害者都認為，他們是沒有能力去克服這種「自然傾向」的。結果，他們對這種思想備感沮喪，認為「自然天成」的恐懼症是無法被克服的。正是這種態度讓他們根本無法擺脫。其實，這些所謂的恐懼症不過是源於「習慣」這個第二天性，這與我們的自然天性迥然不同。只要我們能夠採取積極勇敢的行動，就必然能夠打破這類習慣。

有些恐懼症似乎完全是源於生理或品格層面的因素，但更多的恐懼症是源於精神狀態。失眠症源自於內心的恐懼感，而不是因為生理上的原因。幾年前，我為國際臨床醫科大學寫過一篇文章，當時我曾專門研究過失眠的原因，發現失眠的產生是基於某種內心的恐懼症，正是這樣的恐懼症造成了我們身體上的不適，讓我們徹夜難眠。失眠恐懼症其實與廣場恐懼症——害怕在空曠的地方久待的心理症狀——非常近似。同類的恐懼症還有懼高症、黑暗恐懼症及其他影響人們正常生活的心理恐懼症。在絕大多數情形下，我們都是完全有能力自主治癒這些恐懼症的。如果我們能夠找到最適宜的方法、對症下藥，那麼克服內心的這些恐懼並不是遙不可及的事情。

對某些人而言，特別是那些白天很少外出或那些夜尿頻繁的人，若始終保持畏懼失眠的心理，那麼他們必然會失去正常的理智，無法保持身體健康。每當他們爬上床，準備睡覺時，內心都會縈繞著這樣的恐懼感。在下午五點時，他們就開始擔心自己晚上可能要失眠了，這樣的恐懼心理完全擾亂了他們正常的心理活動。最後，這種心理症狀就會發展成一種「夢魘」，如影隨形。無論他們晚上做什麼，無論他們感到多麼疲憊，每當這樣的思想進入心靈深處時，他們就無法入睡。等到他們真正躺到床上，他們的心靈已經完全被恐懼失眠的心理所控制了，導致他們徹夜不寐。其中一些人在就寢前可能就開始努力避免出現這種焦慮情況，但在就寢時卻依舊無法遏制地陷入焦慮。如果過了十分鐘，他們還是不能入睡，那麼他們就會認定今晚始終無法入睡了。他們為此感到擔憂，把這些憂慮的情感徹底喚醒，從而使他們失眠的症狀更顯著。如果這些人依賴藥物來入睡，也是毫無作用的，正如我們想要透過服用藥物克服懼高症或黑暗恐懼症一樣，因為這些完全是心理層面上的問題，不是透過藥物就能夠克服的。被恐懼症折磨的人必須要透過自身的意志去努力進行自我控制，才有可能走出恐懼症的陰影。

除去那些精神層面上的恐懼——這種類型的恐懼都是無法進行解釋的，還有很多恐懼症都可以稱為智力層面上的恐懼症。這些恐懼症之所以會在我們的心靈萌芽，就是因為我們接受了一種錯誤的概念，這直接影響我們無法把事情做得更好、無法獲得健康的身心、無法擺脫一些對身心有害的行為。害怕失眠的恐懼通常會讓我們嘗試透過催眠來達到入睡的目的，但這種做法通常比失眠本身帶給身體更多嚴重的負面影響。很多人都擔心自己會失眠，於是他們就開始服用大劑量的奎寧及威士忌，但這種缺乏科學根據的做法只會讓他們第二天起床時更加痛苦不堪，服用這些藥物所帶來的副作用遠超過失眠本身所帶來的痛苦。奎寧與威士忌都無法阻擋人們失眠，但不少人依然選擇這麼做，根源就在於他們的這種期望是建立在錯誤認知的基礎上。對很多人來說，他們常會被一些不經意闖入腦海的思想所控制，這些思想通常都是讓他們感到恐懼的源泉。從下面列舉的幾個典型例子中，我們就可以看出這些恐懼思想若是與各種疾病連結在一起的話，會給我們的身體造成多大的傷害。因為恐懼的思想若是與疾病結合在一起，通常都會更嚴重地影響正常生活。

「一知半解是一件極度危險的事情。」這句話特別適用於闡述這個話題。很多影響人們正常生活的病態恐懼感一直阻礙著我們，使我們無法取得在別人看來相當容易實現的成就。很多人始終對自己抱持這種觀點，認為自己有這種或那種的缺陷與病態，而讓自己無法像其他人那般獲得相應的成就。有時，這種病態的自我說服會以一種憂鬱症的形態呈現出來，而個人則會覺得自己的體質無法長時間從事某項工作，於是每當見到這類工作時，他們就會選擇逃避。還有很多體弱多病者，他們覺得自己生活的主要目標就是保持身體健康，但負責檢查他們身體的醫生，從未發現他們有任何生理機能上的問題，所以這些自認體弱的想法，多半是出自內心的臆想。這種心理狀態已經伴隨人類走過很多個世紀了，因為Hypochondria（疑病症）一詞的詞根源於希臘語，本意就是將一些生理症狀連結的情感集中起來，其在生理上的症狀表現為胃部不適或肋骨下方疼痛等。

若病人抱持這種心理狀態，那麼他們就會一直抱怨出現的這些症狀嚴重摧殘他們的意志。其實，每個人都有足夠的能力去完成日常工作，但卻缺乏這種主觀能動性與能量去不斷地進行拓展。當然，若是任何真實的情感出現，他們就會覺得自己無法承受疾病所帶來的額外負擔。讓人驚訝的是，許多疑病症患者其實都很享受他們現有的病態狀況，即便可以安享晚年，他們還是在不斷地抱怨現實。正是他們對疾病的恐懼心理阻擋他們無法正視幸福人生，無法充分運用意志的能量去擺脫這些症狀與困擾。除非有某些事情出現，喚醒了他們的意志，否則他們根本沒有任何希望去獲得良好的結果。讓人百思不得其解的是，這種狀態竟然可以持續相當漫長的時間，而且他們的身體也沒有出現任何問題，但他們還是會不斷抱怨身體不適。從「抱怨」這個詞的正常涵義來說，這些疑病症患者之所以會抱怨，根源根本不在於疾病。

有時，這些疾病所帶來的恐懼感是取決於某些詞語在人們腦海裡的誇大程度。最近幾年，「黏膜炎」一詞帶給許多人負面的想法，很多人都錯誤地以為這個詞語代表的疾病一定會嚴重影響他們的意志能量，讓他們無法保持身體的健康。「黏膜炎」一詞無論是其衍生意或醫學方面的意義，都只意味著黏膜發炎的第一階段，從而造成分泌系統比正常情況下更頻繁地產生分泌液，對健康其實並沒有大礙。

但是，在我們濫用「黏膜炎」這個詞時，就會發現很多人都誤認這是一種嚴重的疾病，認為這最終會導致內在黏膜系統嚴重損害，而使健康帶來嚴重隱患。當下，許多為了推銷藥物的經銷商不擇手段地宣傳這種觀念，希望人們能夠購買他們的藥物，因而加重了人們對黏膜炎的負面想法。最後，許多人因為多種原因——通常是他們的鼻子或咽喉分泌出更多的物質——就認為黏膜炎對他們的身體真的產生嚴重的負面影響，認為自己不像其他人那樣擁有足夠的抵抗力，因為他們覺得自己已經被這種疾病侵蝕。事實上，絕大多數美國人，特別是居住在北部或東部地區的人，幾乎都患有輕微的慢性黏膜炎。氣溫的劇烈變化及潮溼陰暗的環境，都容易讓人罹患黏膜炎。但我們必須明確認知到，黏膜炎其實並不會讓我們的身體造成顯著的傷害，對於極少數體質比較敏感的人來說，他們可能會覺得身體出現輕微不適。正是這極少數的人經常宣揚黏膜炎可能造成極為嚴重的後果。

事實上，黏膜炎幾乎對人體不會產生任何嚴重影響，根本不像雜誌或報紙所宣揚的那麼嚴重。輕微的黏膜炎會隨時間的推移而自動消失。而黏膜炎好轉的事實，也說明了我們的身體逐漸回歸正常狀態。有時，微生物感染所導致的細胞形態變異是造成黏膜炎的原因之一，即便如此，病理學上的輕微細菌毒性也不會給身體造成可見的傷害。至於很多人說黏膜炎會讓我們的身體散發出難聞的氣味，則完全是以訛傳訛。其他類型的感染，例如白喉等疾病，可能會帶給黏膜嚴重的影響。一旦罹患這種疾病，必須要忍受散發出異味的困擾，才可痊癒。但即便在這種情況下，這些疾病的發病率還是非常低的，造成的後果也不是很嚴重。

至於許多醫藥廣告經常宣稱，黏膜炎會從鼻子與咽喉蔓延到其他部位的黏膜層，這是不可能的。黏膜炎的症狀可能會出現在胃部，但這與出現在鼻部與咽喉的黏膜炎一樣，不會對身體造成太大影響，很快就能痊癒。要是我們大口吸氣，可能會造成鼻子出現輕微的黏膜炎症狀，這是因為黏膜層出現充血而導致分泌物增加。要是我們在食物中加入了產自烏斯特的調味料、胡椒粉或蘿蔔，同樣可能讓胃部出現類似黏膜炎的症狀。

這可能是源於微生物的活動或是分解食物時所產生的不適，但都算不上是嚴重的症狀，根本不會讓病人感到痛苦。但讓人驚訝的是，許多人都十分肯定地說，自己患有黏膜炎，他們似乎總覺得自己無法擁有良好的健康狀況，也沒有足夠的能力去從事特殊工作。當然，如果有任何疾病逼近時，他們的免疫能力似乎就會因為這種慢性疾病而降低，讓他們對自身的免疫系統不斷產生懷疑。

上面所提到的這些恐懼心理，都是因為我們太過關注那些醫學廣告所導致的。我們寧願不知道其他人所知道的東西，或是不了解他們的想法，也不要相信那些謬論。他們內心所感受到的恐懼會嚴重影響工作品質，讓他們的身體變得虛弱，從而無法抵抗疾病的來襲。有時，我們不得不悲傷地承認，許多學校的生理與健康教育課程，成為學生們內心恐懼與憂慮的源泉，而不是向他們提供更有價值的知識。所以說，我們這一代人對身體內部的結構與運行機制都嚴重缺乏正確的認知，很多人所了解到的知識只會讓他們感到焦慮，而不足以讓他們對自身擁有清醒而全面的認知，無法讓他們更完善地照顧自己，獲得良好的健康狀況。如果我們能把憂慮與不安等思想的閘門全部關閉，就會發現自己原來是擁有充沛能量的。

最近幾年，與黏膜炎類似的一個醫學詞語同樣給許多人帶來不良的負面觀感，這個詞語就是自體中毒（auto-intoxication）。這是一個比較「高階」的詞語，很多接受過高等教育的人可能會對此有所了解。通常來說，最為常見的自體中毒是腸胃中毒。很多人卻認為這個詞極為神祕，有眾多的涵義，涵蓋了多個知識範疇，人們的胡亂猜測給這個詞語賦予了更特殊的意義。這個詞語所代表的意義其實是這樣的：每當腸胃消化的時間延遲二十個小時或更久，或任何刺激性的物質進入了腸道，那麼身體就會吸收一種有毒的物質，從而產生一系列的生理症狀。包括困倦、飯後行動遲緩或肚子不舒服等症狀——雖然我們年輕時，都想要吃得很飽。有時，我們的皮膚會出現灼熱感，同時身體其他部位普遍出現不適。有時可能會導致頭痛，但這種情況是相當罕見的。這種症狀最典型的表現就是無精打采或感覺自己不能把事情做好。通常，某種類型的神經性症狀會與其他的症狀聯合起來，表現出歇斯底里或是神經過敏等症狀。

上面談到的自體中毒已經成為很多人心中的夢魘，他們對這類症狀感到無比恐懼，任由恐懼心理消耗能量，影響他們的健康。事實上，在過去幾年，我們已經意識到「自體中毒」這個詞語已被人們濫用，錯誤地用於描述身體其他部位所出現的疼痛或疾病，而這些症狀其實也許只是神經功能暫時紊亂的表現而已。造成這種狀況通常是因為久坐、居住的環境缺乏新鮮空氣、平常很少做體育運動，又或者是因不注意正確飲食，不喜歡吃簡單而有益的食物，且總是暴飲暴食，導致身體出狀況，從而造成腸胃累積許多有毒成分。腸道所具有的反射作用一旦加上我們對自身狀況的擔憂心理，就會造成我們不斷地對此抱怨——通常來說，這並不是任何疾病的徵兆，不過是生理反應的一種自然呈現而已。

沃特．C．阿爾瓦瑞茲醫生在為喬治．威廉．霍普基金會贊助的加州醫學院的一個研究項目撰寫文章時，就談到了自己對這個主題進行研究時，所得到的一些結論：「當我們進行體檢時，很容易就會發現這些症狀是其他明確的原因所造成的。自體中毒往往就是這個時候被檢查出來的。那些認為腸道停滯是引起許多疾病原因的人，根本沒有任何證據去支撐這樣的觀點。他們所堅持的許多觀點其實根本就是一種謬誤。」

便祕所表現出來的一般性症狀通常會在我們鞠躬之後很快消失，因此，這可以說明這些症狀不是因為體內吸收了毒性成分所導致。這些毒性成分會以一種機械的方式進行擴張，導致結腸發炎。這些症狀通常會出現在那些神經較為敏感的人身上。事實已證明了一點，那就是消化道的各種活動都會嚴重影響感官神經。之前許多人認為這種潛伏的毒性成分是造成人們憂鬱的原因，而現在全新的解釋為我們解決這些問題敞開了新的大門。

還有許多人們常用的醫學詞語都是具有負面作用的，這些詞語讓人們覺得，一旦罹患這些醫學詞語所代指的疾病，那麼他們就會變得非常虛弱。我認為，人們最為濫用的詞語應該就是「尿酸」以及「尿酸元素」了。真正具有科學精神的醫生幾乎不會使用這個醫學名詞，但依然還有很多人糾結於這些名詞所代表的涵義，而讓自己苦不堪言。通常來說，這些症狀都是因為我們缺乏足夠的鍛鍊及沒有呼吸到清新空氣所導致，使我們的心智無法得到充足的放鬆，讓我們對所做的事缺乏足夠的興趣。有時，某些所謂的醫生或朋友會對我們說一些帶有負面思想的話語，從而嚴重影響我們的意志能量，讓我們為那些立基於錯誤概念之上的事情感到痛苦。我們真正需要的是意志明確的努力，把讓自身感到煩惱的疾病與夢魘全部趕走。

要是有人對因為這些恐懼而消耗的能量進行統計，那麼所有人都會感到無比驚訝。不幸的是，許多人都想著服用各種藥物，因而導致健康狀況每況愈下。要是他們不濫用藥物、不迷信藥物的話，他們的身體狀況會更好一點。奧利弗・溫德爾・霍姆斯（Oliver Wendell Holmes）在多年前就曾表示：「如果人類使用的所有藥物都被扔進大海，這對人類來說必然是極好的事情，而對魚類來說則是很糟糕的。」他的這句話放在現代依然振聾發聵，尤其是對那些已經服用藥物成癮的美國人來說。每年參加會議時，我與許多富有智慧的朋友進行交談，讓我無比驚訝的是，他們之中很多人都有長期服用藥物的習慣，而之所以服用，就是因為擔心疾病的侵襲。讓人遺憾的是，這樣的恐懼心理通常只會削弱我們的抵抗力，讓我們面臨真正的危險。

形形色色的恐懼心理都會削弱我們的意志能量，讓我們的健康情況更加惡化，讓我們無法把手頭的工作做好，無法保持健康的體魄。這些恐懼心理就好比是一道閘門，牢牢地阻擋著神經衝動從人類本性的精神層面出發進入身體。這造成的影響遠超過我們的想像。醫生們需要從眾多病人身上發現這一點，那就是這些恐懼心理會不斷給他們施加負面影響，從而抵消他們的生命活力，或是至少讓他們無法對自身的不良狀態予以修正。若我們能認真地探究恐懼心理的根源，且就此進行直接的探討，那會帶來極大的益處。當我們的心靈能從原本狹隘的局面中掙脫出來，我們將可以感受到更廣闊的天地，這自然能讓我們擺脫恐懼心理。特別是對許多患有精神性疾病的病人而言，這種情況只有在他們擺脫恐懼心理後才有可能辦到。這種形態的精神分析應該取代之前人們所堅持的錯誤療法，從而讓現代心理學能夠為廣大民眾提供更好的治療基礎。

第三章　習慣

意志應該能做到！只有意志可以，其他形式都不行！

——《愛的徒勞》（*Love's Labour's Lost*）

恐懼心理能夠削弱意志的能量，壓制意志能量的釋放，讓我們很難有所成就。恐懼心理主要代表一種心理狀態，但通常也包括生理層面的因素，所以恐懼心理會對我們的性情產生很重要的影響。想對抗這種心理習慣，我們需要沿著積極正確的方向前進。習慣不僅會讓人的行為變得更加隨意，而且會讓他們自然而然地選擇這樣做，根本不會感覺到有任何困難之處。當然，習慣也可能像專制的暴君那樣，將我們牢牢掌控。無論如何，我們都要記住，只要經過正確的努力，壞習慣是可以改正的，可以幫助我們勇敢地攀登人生的高峰。一開始完全自然或感到困難的行為，都可以透過改變來養成新的習慣，從而讓我們擺脫根深蒂固的行為方式。本性所給的指引往往是具有強制性的，習慣性的行為也會產生相同的作用。某人曾與威靈頓公爵（Duke of Wellington）談到習慣是人的第二天性這個問題，威靈頓公爵說：「哦！不只是這樣吧！習慣所產生的能量比自然本性強大十倍以上！」

意志的能量對健康所發揮的主要作用就是預防我們養成壞習慣，或是破除之前已經形成的壞習慣。對人們來說，人生最困難的事情莫過於破除壞習慣。通常來說，這需要我們最為充分地發揮意志的能量。要說有比破除壞習慣更加重要的事情，那就是日後養成好的習慣，因為這需要時時刻刻留意自身的行為，且要不斷地加以努力。因此，在青少年時期，養成一個壞習慣與培養一個好習慣都是相對容易的。在性格的養成階段，我們的身體機能具有較強的可塑性，很容易就會把某些重複性的行為變成習慣。一旦養成習慣，想進行改正就顯得格外困難。

心理學家們都會認可這樣的觀點，即當我們將本能的行為踐行一段時間後，這些行為就會變成習慣，而這種習慣可能會對我們產生正面的或負面的作用，這取決於我們是否養成了良好的習慣。事實上，人活在世上，就是由一些習慣所控制的，因此我們的習慣是否有助於身心健康，這對於激發內在的潛能是非常有用的。更重要的是，我們的身體是否健康，有很大程度是取決於是否養成正面的習慣。當我們懷著隨意的心態去做某些事情，不久之後，這種行為就會變成一種習慣。這個過程幾乎是在潛意識中逐漸完成的，我們根本無從察覺。一旦養成，想打破就顯得極為困難。

首先，我們要談論的一點是，一旦我們受到某個習慣控制，想掙脫這種習慣（當然是不良習慣）的過程是會讓我們感到痛苦，同時也需要付出極大努力的。從現實的角度來說，每個抽菸者想起他們抽第一根菸的情形，或抽第二根、第三根的狀況，這個過程中，他們根本不會有享受的感覺。想讓他們繼續抽下去，他們必須付出一定的努力及放鬆對自我的控制。一旦他們抽了一段時間後，抽菸的欲望就會漸漸變得強烈，似乎成為他們與生俱來的本能。要是不讓他們抽，他們就會感到渾身不自在，做什麼事都提不起勁。只有當他們重新抽起菸來，他們的活力似乎才會重新回來。

想養成咀嚼菸草的習慣需要付出更大的努力，而一旦養成了，想破除它則比戒菸還困難。幾乎每個人都可看到那些多年以來一直咀嚼菸草之人所感到的身體不適或折磨。倘若他們想要戒除這種習慣，需要擁有極為強大的意志力。我認識一位下定決心要戒掉這個習慣的商人，他為此幾乎放棄了自己的工作，晚上都無法入睡，吃飯時也失去食慾，甚至精神已經到了崩潰邊緣。可見，要戒掉這種習慣，是一件多麼困難的事啊！

在遙遠的東方，那裡的人們喜歡咀嚼檳榔。檳榔是一種帶有刺激性味道的東西，會讓我們的舌頭有種灼熱的感覺。人們剛開始嘗試咀嚼檳榔時，只能忍受很短的時間。一旦他們養成了習慣，就能從咀嚼檳榔的過程中感受到一種愉悅的感官刺激。他們咀嚼檳榔的欲望就會變得越來越強烈，要是一天不咀嚼，他們就無法專心工作，會感到煩躁不安。儘管他們知道，咀嚼檳榔可能會讓舌頭罹患癌症的機率高出十倍，但此時的他們已經無法控制自己的行為了。當然，不是所有咀嚼檳榔的人都會得癌症，因為某些人在癌症尚未形成之前，就因為其他疾病去世了；而某些人則似乎對檳榔有天生的免疫力。但無論如何，喜歡咀嚼檳榔的人會無視這些事實，每天繼續重複這種習慣，因習慣所形成的巨大力量讓他們無從抵抗，之後他們只能順從，幻想這種行為不會產生任何不良的後果。

酗酒、濫用藥物與咀嚼檳榔等習慣對縮短壽命方面會產生很大的作用。但酗酒與濫用藥物之人一開始都會非常有自信，認為自己絕對不會成為這些東西的受害者，之後他們才發現自己錯了。一旦養成了習慣，想根除簡直比登天還難。也許，只有當我們已經在惡習之中泥足深陷時，才會猛然覺醒自己深受其害，這甚至危及我們的道德素養，讓我們的身體處於一種虛弱的狀態，導致免疫力下降，更容易受到疾病的侵襲。所以說，這些習慣都會縮短我們的壽命。當然，人們都非常清楚這些事實，但他們還是在不斷養成這類習慣。

無論多麼根深蒂固的習慣，只要我們真的下定決心去戒除，都是可以做到的，只要戒除這些習慣的後果不會讓我們精神失常或崩潰。想要戒掉壞習慣的人只需要一個強大的動機，堅持不懈地調整體內能量，與習慣進行對抗，就一定可以克制，乃至戒除那些惡習。最重要的是，我們絕對不能忘記，想要有效地破除惡習，就是要拒絕重複某種單一行為，在下次遭受誘惑時能堅決地抵制。這會讓遠離惡習變得越來越容易，最後習慣的誘惑就會逐漸消失，你也不再需要有意識地努力進行對抗。

那些常年酗酒之人有時會意識到自己的行為有多愚蠢，也意識到這樣會給親人帶來多大的傷害。但真正驅使他們戒掉酒癮的誘因，可能只是孩子的一句話，或某個宗教層面的動機，之後他們真的滴酒不沾了。泰奧巴爾德．馬修牧師在這方面的布道演說對十九世紀初期的愛爾蘭人遠離酒精發揮了決定性的作用，讓很多人都戒掉了酒癮，開始清醒的生活。我認識一位酗酒多年的人，他靠著自己的意念成功克服了這個習慣，儘管他自身的思考過程乏善可陳。他只是意識到了這個事實，有關於戒掉酒癮的心理暗示其實就是自身渴望酒精的根源。他的父親生前也是一位酒鬼，多名親戚也曾給他忠告，說要是他養成酗酒的習慣會帶來怎樣的後果。結果，正是因為這樣的心理暗示，讓他慢慢染上了酒癮。

我認識一位吸食嗎啡成癮的醫生，每次他都痛下決心戒掉毒癮，但每次都無疾而終，最後，因為一件小事讓他的內心感到無與倫比的震撼，從而真正下定決心戒毒。某天，他四歲的小兒子在他的辦公室裡玩耍，此時他正準備注射嗎啡。小男孩認真地觀察父親的一舉一動。因為這位醫生的心思都放在之後要參加的一個會議上，因此沒有注意到兒子正在全神貫注地觀察自己吸毒。當他把針插入手臂，將針管裡的液體注射到體內時，小男孩跑到父親身邊大叫：「爸爸，也幫我打一針吧！」顯然，這位稚氣未脫的孩子注意到他父親的臉龐在注射之後所顯露出的滿足感。毋庸多說，這位醫生在當時所感受到的內心震撼感，這種心靈震撼程度足以讓他今生今世都遠離注射嗎啡的惡習。這件事讓他的意志力找到了強大的動力，因為他知道繼續這樣做會給兒子帶來極為不良的後果。當這種心靈震撼逐漸消退之後，他自身的意志能量也會幫助他繼續堅持下去。

「習慣」一詞幾乎就暗示著「持久」。讓人感到遺憾的是，在很多人眼中，不良的習慣與「激情」一樣都帶有貶義的傾向。但我們必須要弄清楚一點，那就是這個世界上有正面的激情與良好的習慣，這對於我們實現人生理想是很有幫助的，而那些邪惡的激情與不良的習慣則會帶給我們傷害。不斷重複一種行為是養成好習慣或是壞習慣的重要基礎，所以在養成習慣之前，必須想清楚這個習慣對我們的身心是否會產生正面影響。通常來說，我們都不應該忘記一點，即養成好習慣與惡習在本質上都是一樣容易的。一旦好的習慣養成了，那麼隨之而來的正面效用其實與壞習慣所帶來的負面效果近乎是等同的。想戒除一個好習慣與戒除一個壞習慣都是極為困難的，除非我們有充足的時間去影響神經系統中已經成為自然常規的思維，因為正是這些思維掌控著我們的習慣。我們每個人都無法避免養成某些習慣，所以問題就來了，我們該怎樣去區別好習慣與壞習慣呢?良好的習慣能讓身心變得越來越健康，讓我們的生活變得越來越舒適與快樂；而壞習慣則會產生與好習慣相反的作用，雖然在養成不良習慣的過程中，我們的某些個人因素會產生阻礙影響，但這也很難匹敵重複行為所帶來的行為慣性。

每當我們無法將自身該做的事情做好，這都會對我們產生負面影響。我們就會進入到一種狹隘與消極的心態當中，而這種心態反過來又會讓我們很難把事情做好。這簡直就是一個惡性循環。我們不僅要克服本性中原始的惰性，而且還要透過培養良好的習慣來與不良習慣進行對抗。如果我們不遵循自身良好的衝動，那麼不良的習慣就會在腦海裡占據上風，處於掌控地位。當我們想要對這方面有清晰的認知，就必須回到詹姆斯教授所說的這段話中尋求答案：

「如果我們讓自身的情感處於一種蒸發狀態，那麼它們自然而然會蒸發消失。同理，若是我們經常迴避做某些事情，那麼在我們真正對此有所察覺之前，我們其實已經失去了這種做出努力的能力。如果我們飽受精神無法集中之苦，而不加以控制，這樣的情況就會永遠持續下去。『專注』與『努力』其實是描述同一種精神事實的兩個不同名詞而已。至於這兩者是如何在大腦中運作的，我們毫不知情。而我們是否相信這些過程都是取決於大腦過程，而不完全是純粹的精神行為，也只能說明一個事實，那就是它們在某種程度上是受制於習慣的法則——這其實也是物質的法則。」

還要記住一點，即我們不僅塑造自身品格，而且還能讓自身的行為對身體的機能產生影響。毋庸置疑，這樣的影響才是最核心與最重要的，至少是有助於健康的。身體慣性及智慧是形成習慣的基礎，正如卡本特醫生所說的：「我們的神經系統會按照自身受到訓練的方式去發展，正如一張紙或是一件外套，一旦被折疊或舒展開來，就有可能持久地保持這種狀態，無法繼續保留之前的形態了。」

在我們努力培養一種習慣時，允許某些例外的情形出現，這顯然會讓我們感到惱怒不安。一個經典的譬喻就是一條直線出現了彎曲，這會讓我們之前耗費許多心思完成的工作功虧一簣。巴恩教授使用比我更加清晰的語言對此進行闡述，所以我在此要引用他所說的一段話：

「道德習慣具有某些特性，這會與智慧的習慣形成鮮明的對比，這就好比是兩種相互敵對的能量，其中一種能量可以逐漸控制另外一種能量。因此，在這樣的情況下，我們永不服輸的鬥志就顯得非常重要。每當我們沿著錯誤的方向邁出一步，這就會讓我們離正確的軌道又遠了一步。因此，最重要的防禦方法就是努力控制好敵對的兩股能量，從而讓其中某種能量能夠得到持續不斷的壯大，直到不斷重複的行為能使習慣穩固下來，從而幫助我們更能應對各種突發狀況。」

這意味著透過一系列比較困難的行為是可以對意志進行訓練的，儘管這需要我們付出艱辛的努力，但還是可以完成。當我們不斷地重複某些行為，相應的行為習慣就會取代原先的本性，在我們的肌肉記憶中占據主導地位，從而讓下一次重複這種行為變得越來越容易。

那些能夠以客觀態度去面對人性問題的思考者，會全身心努力地投入到找尋解決這些問題的方法上，所以他們很久之前就已經發現到訓練意志是非常有必要的。事實上，這也是中世紀教育的一個鮮明特點。過去修道院式的教育模式就是建立在這種思想上，即認為對行為一致的訓練以及培養良好的習慣是最為重要的，這甚至超過了累積知識的重要性。在那個時代，他們都堅信一個觀點，即人類最高級的智慧就是意志的力量，而且認為如果忽視對意志的訓練，教育就必然存在嚴重缺陷。只有透過日復一日的訓練與努力，不斷克服重重困難，終有所成後，我們潛在的能量才有可能被喚醒，此時，我們才會真正意識到自身的能量，才會有能力去實現想要完成的目標。就在不久前，依然還有一些人對此提出質疑，認為對意志的訓練是過時的教育理念，認為這會使人的身心出現畸形化趨勢——單純為了做某些事而強迫自己去處理一些讓人厭煩的事。但這應該不斷去堅持，因為只有這樣，意志的能量才能不斷增強。現代教育的失敗之處就在於忽視對意志教育的持續關注，所以導致許多現代人都認為意志訓練過於陳腐。

所以說，我們應該在青少年時期就努力培養良好的生活習慣，這不僅能讓我們擁有健康的身體，還能讓我們感受到生活的樂趣，遠離許多不必要的人生痛苦。良好的生活習慣能讓正確的生活方式如影隨形，一旦習慣於這種生活方式，我們就會對此充滿樂趣，雖然起初可能會感到很難受，需要付出巨大的努力才能養成這樣的習慣。事實上，我們的身體機能在經過一段時間的努力與嘗試後，很容易就會適應某種行為，之後這種行為對我們來說就是自然而然的了。

教育的重點更應該放在對意志的訓練上，而不是過度強調知識的累積，雖然知識的累積在近代已經成為教育理論層面上的一種壓倒性傾向。現在，我們應該清醒地意識到這個事實，那就是能量的縮減正是源於我們太過重視追尋更多的資訊，因為知識的累積並不能增加我們的意志能量。

普林斯頓大學的康克林教授在他的〈遺傳與環境〉一文中特別強調一個事實：意志的確是人類機能中最高級的，也是人類心智中最具有力量的東西，意志所具有的內在刺激能夠不斷喚醒我們的能量及能力，讓我們可以做到之前從未想過能做到的事情。就在不久前，康克林教授提出：「現代教育體系最大的一個弊端就是將過多的時間與精力投入到訓練大腦記憶與增進智力層面，而對意志的訓練幾乎完全忽視，這使得許多學生的意志能量根本沒有得到充分的釋放與鍛鍊。」

與此同時，我們不能認為進行意志訓練就意味著退步，這與中世紀的那種禁慾主義教育截然不同。許多人想起中世紀的教育方式就嗤之以鼻，認為這與現代人的思維模式格格不入，是教育理論開倒車的結果。當代的赫胥黎教授可說是首位意識到中世紀教育中意志的訓練對人類社會發展是非常有用的。在他的〈文科教育與如何實現文科教育〉一文中，他總結了自己在倫敦南部的工人學院執教數十年的經驗，提出了自己對教育真正目的的獨到見解。在這篇文章裡，他特別提到了對意志進行訓練的重要性。他對文科教育的定義並不像許多教育學者那樣，是從智力層面做出的思考，而是從意志層面對此進行考量。他表示，文科教育就是「不僅要培養學生如何避免做出違背自然法則的事，且還要培養學生去找尋自然所賜予的獎賞，用自己的雙手去採摘自然的果實」。

他這樣寫道：

「我認為，接受過文科教育的年輕人應該在大學期間就努力訓練，讓自己的身體成為意志的僕人，讓自己能夠像一臺機械那樣從容不迫，且帶著愉悅的心情去完成工作。而我們的智力則像是一臺冷漠、富有邏輯的引擎，能夠始終保持有序的工作狀態，就像是蒸汽引擎，幾乎能夠完成所有工作，既能幫我們編織衣服，也能讓輪船在大海上航行。那些讓自身的心靈儲存著關於自然偉大且基本的事實，並了解自然運行規律的人，那些充滿活力與熱情的人，依然是不夠完美的，他們仍需要讓強大的意志去掌控自己前進的方向，讓智力成為意志的僕人。只有這樣，我們才更能追尋美感，探尋自然的魅力，憎恨所有的醜陋，像尊重自己那樣去尊重他人。」

我認為，這樣的教育結果就代表著文科教育的精華，因為身為一個完整意義的人，他已經與自然保持一種和諧的狀態！

因此，每個人都應該追尋這種充滿良好習慣與正能量的文科教育，只有這樣，我們的所有潛能才能夠被充分挖掘並釋放出來，讓身心始終保持良好的狀態。那些對健康產生重要影響的習慣與細節我們將會在接下來的章節裡討論，但我們必須要充分了解到，在青少年時期養成良好的習慣是無比重要的，因為這是我們在今後的歲月裡，能保持身心健康的中流砥柱，讓我們能更精力充沛地去完成工作。

第三章　習慣

第四章　無事生非

只有在意志的能量之下，我們才能夠保全自己！

——《無事生非》（*Much Ado About Nothing*）

法國一位著名的醫生曾將兩種意義完全不同的話語用一段話表述出來，在現今絕大多數人看來，這段話根本就是自相矛盾。他說：「休息是最危險的治療藥物，絕對不能運用到治療疾病中，除非是在醫生仔細的指導下，才能讓休息者擺脫疾病的困擾。」接著，他又說：「憐憫是傷害性最大的止痛劑，只能帶給我們極為短暫的安寧，卻通常會帶給病人持久的痛苦。」

這位醫生這段話的第一層意思，我們還可以理解，但他所說的第二層意思則是極為重要，但又難以準確理解的，因為這涉及人類生命層面中的意志問題。沒有比對憐憫之心錯誤的理解更能弱化我們的意志了，這讓我們無法堅守意志的能量，從而保持旺盛的精力，不僅會削弱我們的道德感，還會影響我們的身心健康。憐憫這種情感必須要在道德生活中處於正確的位置，就好比我們要用正確的藥物治療疾病一樣。在這個過程中，我們必須要充分運用自身的判斷力與分辨力。

如果憐憫這種情感本身能夠充分表達出該詞在希臘語中的本意，那麼這就是一件非常完美的事情。但是，憐憫本身就帶有些許遺憾之情，所以這很容易讓我們在接受考驗時無法從容面對，且很大程度地帶給我們更多的傷害。每個正常人都會對這種情感做出本能的抗拒，沒有人會希望得到他人的憐憫。我們都會本能地感受到，如果別人憐憫自己，那麼我們似乎就低人一等了。因為這很容易讓我們產生自我憐憫的情感，而這種情感是特別讓人感到卑微的。因為這個話題是核心所在，所以一切關於保持意志能量的主題，我們會單獨用一章進行集中闡述。在此，我們需要特別強調一點，那就是朋友們出於善意卻以錯誤的方式表現出來的憐憫之心，通常會削弱我們的道德力量，阻礙意志能量的釋放，不僅會對身體造成一定程度的傷害，而且還會對我們的倫理精神造成損害。

長久以來，人們已經意識到了這點，且形成了某些生活習俗，從而規避這些情感的出現。我們都知道，當孩子跌倒，甚至受傷時，我們不應該馬上去表達憐憫之情，為他們的遭遇感到難過。即便我們對此感同身受，除非孩子受到了嚴重的創傷，否則我們就應該讓他們自己努力站起來，說其實是他們對地板造成了傷害，從而避免讓他們感到只有自己疼痛。我們表達出來的憐憫之情越少，孩子哭泣的時間就會越短，他們就能夠了解到，人生中遭遇一些挫折是再正常不過的事，而不會長久地沉浸在不良的情感當中，為自己感到可悲。讓人遺憾的是，對於那些想要孩子更快成長的人來說，這樣的做法也不是一成不變的。特別是當家中只有一個孩子時，他們就會成為父母的「心頭肉」，每當他們遇到挫折，父母就會給他們過多的憐憫，但這只會讓孩子漸漸變得軟弱，最後沉浸於負面的情感中，而不願意走出來。我們真正需要的，是轉移孩子們的心智，而不是給予他們過多憐憫的情感。我們應該建議孩子去做一些他們力所能及的事情，而不是為了打碎牛奶瓶而哭泣，這要比沉浸在對過去的感傷中更好一些。

很多參加過戰爭的年輕人都會領悟到這個寶貴的人生經驗：雖然我們都渴望得到他人的憐憫，但這樣的情感不僅不會帶來好處，反而會帶給我們更多的傷害。很多具有男子氣概之人，都是透過軍事訓練來讓自己擁有強大自控能力，使人格變得更加獨立。艱苦的軍營生活讓他們根本沒有時間為一點小事而感傷。很多母親會為自己的孩子接下來要忍受殘酷的訓練或艱苦的生活而感到傷心，她們認為孩子要在軍營裡接受無比艱苦的訓練，但其實這樣的擔心是毫無必要的。很多母親都希望孩子能過得更加舒適點，擔心嬌生慣養的他們無法承受嚴格的軍事訓練，擔心他們會在訓練中受傷。她們無法想像自己的孩子每天要早早起床，承受常人難以忍受的軍事訓練。每天都疲憊至極，吃粗糙的食物、睡在堅硬的木板床上。她們覺得自己的孩子無法忍受這樣的痛苦與折磨。但是，這些孩子在接受了一段時間的軍事訓練後，他們都會發現，若人生能在艱苦的環境下不斷努力，終將會是有益的。

我依然清晰地記得，一名士兵傑克被派到墨西哥邊境服役時，他的母親就曾非常擔心地對我說，她不知道自己的孩子能否受得了此後嚴酷的軍事訓練。她說以前在夏天時，傑克都要去山上或海邊過五、六個星期。墨西哥邊境或許是美國夏天最為炎熱的地方，可以說與他之前居住的環境截然不同。除此之外，她還非常擔心軍隊裡的伙食，因為傑克是家裡唯一的男孩，他有五個姐姐，所以他幾乎是在六個母親的關懷下長大的。他的體重不足，且對食物也極為挑剔，無論對食物的品質還是分量的要求，都很苛刻，所以他很有可能會在服役期間無法適應軍旅生活。就我個人看來，傑克真正需要的就是增加體重，但若傑克按照之前的生活方式，想增加體重是一件非常困難的事。傑克之前已經習慣早餐吃得很少，他母親曾告訴我，每當傑克在家時，她總是親自為傑克做早餐，但即便如此也無濟於事。因為傑克吃得很少，根本不願意吃馬鈴薯或橘子果醬，不願意喝咖啡，難怪他會比參軍者的一般標準體重少十公斤。正因如此，她才會非常擔心傑克能否適應在邊境的服役生活。

當然，我對這位母親的部分擔心表示贊同，但我也深知她所擔心的絕大部分事情都不存在。例如，到達部隊後，沒人會專門為他做早餐，所以他要嘛吃早餐，要嘛就餓著肚子去訓練。在部隊負責後勤的廚師也不會想辦法做好吃的食物，讓傑克能愉悅地享受早餐。因為他的母親不在他身邊，沒人會像她那樣悉心照顧他。當然，我也知道，部隊的食物供應是充足的。雖然那裡的食物不夠精細，但也沒有什麼好抱怨的，不會有人理會這是否符合他的口味。不過，如果說哪個地方的食物最能激發人的食慾，那必然是部隊食堂的食物，因為當你饑腸轆轆時，任何食物都是美味可口的。

我不需要講述傑克到部隊之後所面對的生活，因為很多像傑克這樣的年輕人在入伍之前，都過著嬌生慣養的生活，但他們最後都能好好地適應變化。當傑克在家裡生活時，有那麼多美食等著他享用，但他體重依舊不到標準。而到了部隊後，超長時間的身體訓練激發了他的食慾，再加上每天的戶外鍛鍊、呼吸新鮮空氣，最後傑克的體重增加了十公斤以上。雖然邊境炎熱的氣候條件與生活環境讓人備受折磨，但這也阻擋不了傑克的成長。對傑克來說，這可說是人生中最美好的一個夏天。若是在傑克參軍前，有人說這會對傑克的成長大有幫助，那必然會遭到他母親的痛斥，認為這是天方夜譚。

荷馬在他的著作《伊里亞德》（*Iliad*）中就刻劃了一個嬌生慣養的人物角色，這個人物之所以缺乏男子氣概，是因為他家裡有六個姐姐。我的一位愛爾蘭朋友曾將這段話翻譯出來，說這位年輕人算是家裡的「第七個女人」。之前提到的傑克其實也面臨著相同的問題。每到換季時，家裡的姐姐總會問他是否增減了衣服，是否佩戴了她們為他準備的腕套，是否在路過溼地時穿上了橡膠鞋，或是提醒他在下雨時記得帶傘。總之，傑克在生活各個方面都受到姐姐們無微不至的照顧。而一旦他到軍隊之後，姐姐們的憐憫之心就會遠離他，所以他也就得到成長了。

想在那些會讓我們獲得美好結果的正面憐憫情感，與那些從一開始就讓我們感到沮喪的感傷憐憫情感之間劃出涇渭分明的界線，是相當困難的。當我們這麼做時，總是有可能會出現踰越的情況，所以正處於成長過程中的年輕人，應特別注意用心學會獨自承受生活中的挫折，依靠自身的努力去照顧好自己。正是在這樣的磨練過程中，我們的意志才會變得越來越堅強，才能夠承受生活的考驗，讓這些挫折與困難變得更加容易忍受，削弱這些挫折所帶來的心靈痛苦。每當有十個年輕人因為錯誤的憐憫情感而受傷，就有一個年輕人因為缺乏他人的憐憫而受傷。所以，我們必須要以一顆平常心去看待，在面對生活的挫折時好好地對待，不要想著去尋求得到他人的憐憫。

對於那些神經緊張或是有歇斯底里症狀的人來說，事實更是如此，因為他們時時刻刻都在找尋他人的憐憫。戰爭給醫生們帶來最寶貴的教訓，可以在《意志與戰爭心理》一書中找到專門性的闡述。在戰爭結束後，很多士兵被所謂的「炮彈休克」症狀困擾，這通常代表著功能性神經障礙，很多女人都會將之稱為「歇斯底里」。在戰爭結束初期，會有很多人對他們所遭受的傷害表達真誠的憐憫，而這些病人也會受到醫生與護士的鼓勵，很多人都會聲稱病情正在不斷好轉。但過了一段時間，人們發現，前一段時間所展現出來的憐憫情感，會對病人的康復帶來不利影響。讓病人們不斷重複自己的故事，其實就是不斷地給病人增添負面的心理暗示，只會讓他們的病情更加嚴重，而對病情好轉沒有任何幫助。現在，許多醫生發現，治療這種疾病的正確方式是盡量不要提及病人的症狀，而是要帶著一種肯定、確信的語氣與病人進行交流——讓病人知道，他們身上並沒有任何個體層面的損傷，也沒有任何神經方面的疾病，透過改變自己的心理狀態來達到遠離痛苦的目的。

病人若始終沉浸在希望獲得他人憐憫的想法中，是很難被治癒的。他們需要度過一段孤獨的時光，有時接受嚴格的訓練也是很有必要的。這樣的孤獨時光不僅能讓他們徹底遠離他人的陪伴，而且還能讓他們從閱讀與寫作中得到慰藉，甚至能從菸草中獲得安慰。一些病情較重的人，甚至需要接受感應電流治療，雖然這會讓病人感到很痛苦。那些之前聲稱自己無力移動手臂的病人，在接受電擊治療後，立刻就能跳起來，從而證明他們是完全有能力這樣做的，只是他們沒有足夠的意志力去嘗試而已。

那些因為「炮彈休克」而喪失聽說能力的人，在發現醫生將電極放在他們的喉頭上或耳朵附近時，尚未接受治療就會感到一陣痛楚，這就是他們能夠恢復聽說能力的徵兆，所以他們必然會擺脫之前的陰影，重新找回應有的能力。他們必須接受正面的心理暗示，從而避免故態復萌。因為病情一旦出現反復，就會變得更加難治，即便在耳朵或喉頭附近施加更強的電流，也很難產生作用。因此，我們認為嚴格意義上的獨處，是有助於治療的。

簡言之，自律與不去想獲得他人的憐憫，為治療這些病人提供了寶貴的方法。給病人憐憫，無一例外都會帶給他們傷害。現在，我們知道這個原理已經成為醫學界的共識，但我們還是需要以全新的視角去看待這個事實，否則意志的能量就會遭受損害。品格的基礎是建立在我們能夠勇敢面對生活的逆境，同時不需要借助他人的憐憫或麻痺藥物來幫助。相對於《聖經》裡的表述，這種說法較難被接受，但這些話語都是人類累積下來的經驗智慧。憐憫的情感可能會對個人的心態造成毀滅性打擊，讓我們對未來感到恐懼。所以，我們絕對不能允許這種情感去毀滅意志的能量，這是極為重要的。在這個時代，對意志進行訓練已被許多人忽視，雖然這原本應該是教育的核心。可能會帶給我們傷害的憐憫是應該予以摒棄的。

對那些神經緊張的人來說，無論他們是因為遺傳或環境因素，都應該努力地抵抗憐憫這種情感。因為憐憫的危害性與鴉片類似。喬治．伊里亞德曾在回答朋友關於「什麼才是責任」的問題時表示，責任需要我們在不抽鴉片的情況下，正視人生的艱難困苦。

健康的生活有很大程度是取決於我們能否勇敢面對，而不是想去獲得他人憐憫的目光。人們常說：人類從本質上來說都是孤獨的。人生所經歷的事情，無論是死亡或是痛苦，我們都必須獨自去面對，沒有人能夠幫助我們。正如愛默生所說，我們不可能永遠是處於排斥狀態的微粒，但在每個最為安靜的時刻，我們都會感到內心的孤獨。如果我們好好地學會如何勇敢面對生活，就不會只想著去找尋外在的幫助，這更有利於釋放自身的能量，讓我們能更好地生活下去。

身體的疾病通常都會在我們勇敢面對時漸漸消失，而在我們俯首稱臣時變得更加嚴重。那些內心滿懷恐懼之人在身體健康時就會內心不安，在患病期間更是終日惶恐，始終讓自己感到痛苦。在面對這些事情時，我們必須要獨立，因為這很容易讓自己陷入他人憐憫的情感之中。找尋他人的憐憫，這種行為往往會引起自我憐憫的情感。在接下來的章節裡，我們主要談論自我憐憫這種情感只會加重病情，讓我們不斷誇大病情，從而降低身體的免疫能力，削弱精神的活力。

痛苦要嘛對我們產生正面的影響，要嘛產生毀滅性的打擊。當個人所做出的反應有助於削弱這種痛苦，使之變得能夠承受時，就是正面的。當我們找尋他人的憐憫目光，希望能依靠某人的肩膀時，就是毀滅性的。我們可以借助自身的性格力量去抵抗疾病，甚至是在抵抗流行性疾病時，也同樣會產生一定的作用。那些害怕生病的人往往是最容易生病的，而且他們所忍受的痛苦也會超過他人。所以，我們絕對不能讓憐憫的情感造成這種嚴重的後果。

第四章　無事生非

第五章　自我憐憫

對意志能量產生最負面影響的行為，無疑就是某些人養成了自我憐憫的習慣，認為自己所承受的挫折——無論是真實的，還是臆想中的——都是非常值得他人憐憫的。對於絕大多數習慣於自我憐憫的人，他們不會意識到自己已經比許多人更優秀了，而是不斷地跟那些他們認為比自己還幸福快樂的人相比。接著，他們就會因為自身健康狀況不佳——不管是真實存在，還是臆想出來的——或是因為讓他們感到不適的環境，而自憐自傷。無論男女，一旦養成這種心理狀態，就很難真正面對前路上出現的各種挫折與困難。更重要的是，他們也很難用正確的方式去迎接各種必然會出現的困惑與挫折。除此之外，自我憐憫的情感還會嚴重削弱他們的抵抗力。

現今，人們在生活中面臨的許多事情都有助於滋生這種自我憐憫的思想，而我們所保持的主觀憐憫之情，也會成為許多現代人一種比較「正常」的心態，因為他們覺得自己遭受了如此眾多的挫折與痛苦，特別是當他們想要被他人稱為成功人士時，這樣的感覺就會更加強烈。現在，我們對自身所遭受的痛苦已經變得非常敏感了。無論是雜誌的編輯或喜歡閱讀的讀者，都不太願意接受那些悲傷結局的故事，因為人們都不願意感受這種結果與情緒。在作家們所寫的故事裡，主角可以在這個過程中遭受許多挫折與磨難，但這一切都是為了在最後獲得激勵人心的勝利而埋下的伏筆，因為所有故事的結局都必須是「皆大歡喜」的。所有人都持有這種觀點，即痛苦與挫折不過是暫時的，只不過是獲得最終幸福的一個小小插曲而已。

無須贅述，故事中這些所謂的「快樂結局」，只能是某部分人生活的縮影，因為很多人最終還是會以眼淚來結束人生。對很多人來說，他們一輩子都遭受身心折磨，最後也看不到任何解脫的途徑。人生在世，沒有人能完全避開痛苦。正如某些人所說的那樣，人的生命最終都要奔向死亡，這本身就是一個永恆的悲劇結局。古希臘人雖然對自然的美感及生命的歡樂有極高的鑒賞能力，但他們也沒有忘記去強調人生的悲劇性。也許，他們傾向於這樣的觀點，即人生的悲劇之所以存在，不過是為了營造出一種對比的氛圍，從而增加我們對人生歡樂的感受程度，讓我們能更珍惜這得來不易的幸福感。我們可能不會同意古希臘人的這種觀點，即認為讓生命富有價值的唯一方式，就是透過對比悲劇的結局。但若把痛苦當作背景去進行對比，那這的確是能增加我們的幸福感的。

亞里斯多德曾說，悲劇能淨化人的生命。也就是說，只有透過死亡與不幸的考驗，人類才能看到生命擺脫純粹依附於物質的狀態，而獲得自由。亞里斯多德想表達的意思是，悲劇能夠讓人擺脫純粹個人主義所帶來的自私與狹隘。透過展現他人的不幸，從而為他也將會面對的不幸做好充足的心理準備，因為每個人遲早都會遭遇某些不幸，這是不可避免的。與此同時，悲劇的出現也會讓我們能從日常生活的瑣事中掙脫出來，進入一種更高階、更廣闊的生命形態中，讓我們更能發揮自身的能量與才華。

人類天生就有一種本能——習慣性地忘記死亡與痛苦。當他們這樣做的時候，就很容易變得自私，根本不會在意他人所擁有的權利、不去想自己所負有的責任。法國人經常會說一句話，在說這話的同時，通常都會聳聳肩，從而增加這句話所傳遞出來的涵義。他們列舉了說這句話的情形：當身邊的人即將去世，他們就會說：「哦！沒事！死的是別人而已！」（說這話時要聳聳肩）有趣的是，我們都會拒絕面對這個事實，隨著年齡的增長或是出現某些不可治癒的疾病，我們最終也會面對死神。就痛苦本身而言，絕大多數人都會埋怨自己所承受的這種痛苦，而痛苦所滋生的自我憐憫情感，也會削弱我們品格的力量。

我們不該經常閱讀那些講求物質享受、生活樂趣的書籍。因為人們都說，喜歡閱讀這種書的人都是貪圖享樂的，這些人甚至不能容忍玫瑰花瓣落在自己的皮膚上，因為這會讓他們無法入睡。閱讀這些書籍之人沒有吸收其中所談到的生活樂趣，沒有將人生的痛苦放在同等背景下做對比。很多年輕人，尤其是那些想要有所作為的，他們應該在青少年時期就閱讀英雄人物的傳記，從他們的人生故事中感受到無限的動力，了解這些人是如何成功地克服重重困難，最後獲得滿意的結果。這些英雄人物其實跟我們一樣，都是鮮活的人，他們能做到的，我們也沒有道理做不到。

在戰爭爆發之前，美國的一些心理學家就已經意識到，過去那一套心智自律行為所具有的意義，了解到閱讀講述聖人生活的書籍之價值。對很多人而言，過往那套老式的行為準則似乎不太可行，因為那一代人可以無所畏懼地前往非洲與亞洲探險，甚至懷著犧牲精神前往極地，這讓他們覺得自己根本無法做到。

從這方面來說，描述戰爭的相關書籍對我們這代人來說可謂天賜的禮物。這些戰爭書籍會讓我們沉思那些人生中最深切的痛苦（通常來說，這與那些和我們最親近的人是連結在一起的），從而讓他們意識到人性潛能中的某些東西，是可以抵抗種種挫折與痛苦的。在閱讀完這些書籍後，他們的心靈就會受到洗禮，覺得自己不應該為日常生活中的瑣事感到煩惱，因為他們了解到戰爭帶給人類心靈那種無以名狀的震撼與折磨。比利時的人民所遭受的痛苦已經極為深重了，但波蘭、塞爾維亞、亞美尼亞等國的人民卻面臨更加恐怖的戰爭，但那裡的人民也憑藉自身的能量一路走了過來。我們這些生活在和平環境中的人怎麼會無法解決自身這些微不足道的問題呢？

生活在傳統大家庭裡的孩子，要比現今生活在小家庭的孩子擁有更多體驗人生痛苦的機會。過去的孩子在成長過程中，往往都能體會到父母養育孩子所承受的艱辛與不易，也更能了解人生中的種種挫折。在過去那種大家庭裡，一、兩個孩子夭折是很常見的，因此，能夠順利成長的孩子，在青少年時期就會接觸到人生最深不可測的神祕——死亡。一般來說，過去的孩子都會承受失去兄弟姐妹的痛苦。有時，現代人會認為，讓孩子太早接受這種打擊，簡直就是剝奪了他們的人生樂趣。抱持這種觀點的人真應該去諮詢一下那些有過真實體驗的人。不可否認，會有一些遭遇過這種家庭悲劇的人，在長大後依舊堅稱這些事情的確讓他們對人生感到悲觀。但有過這種遭遇的人，大多數都坦承，他們覺得自己從這些事情中獲益良多。在這個世界上，沒有比與痛苦來一番親密接觸更能拓展我們的視野，讓我們更能了解生命的意義了，無論這些痛苦是降臨在我們身上，還是降臨在我們的親人身上。

身為一名醫生，我經常會有這樣的想法：那些因些許挫折而抱怨的人；那些因身患疾病而情緒低落的人；那些因小事而心情壓抑的人；那些因人際交往不利而失望的人……都應該被送到醫院，讓他們與那些癌症患者交流與接觸。他們就會發現，這些罹患絕症或真正遭受可怕痛苦的人，每天都是非常樂觀的，而且還是他人感受快樂的源泉。我們絕對不要忘記一點，美國每年都有超過十萬人死於各類癌症。

身為一名醫生，我時常會發現這種現象：一個家庭裡某位罹患慢性疾病的人，通常是整個家庭的核心，尤其是當患者為女性時——無論她是母親還是姐姐。因為家裡的其他人都會向她們傾訴自己的煩惱，在聽到她們的回答後，都感覺無比良好。我見過許多這種情況，有時甚至可以將這種情形稱為一種生活模式。慢性疾病患者通常都會表現出歡樂與幸福的樣子，而那些偶爾遭受痛苦的人則喜歡抱怨、完全缺乏對他人的同情心，所以這些人也無法成為他人傾訴的對象。有一位美國女性在臥床的三十年時間裡，不斷與他人保持聯絡，疏導許多人的心結。她的這種行為可說是一種美好的慈善行為。

憐憫的情感若能給他人實際的幫助，同時不摻雜任何感傷情緒與因素的話，將是一件非常美好的事情。然而，憐憫這種情感通常都會存在喚醒事物中不太美好一面的危險，從而給予我們錯誤的指引，這不僅無法減輕痛苦，反而增加我們內心潛藏的痛楚。

為自己哭泣，至少是一件歇斯底里的事情。除非我們的哭泣是為了某些嚴重的損失，否則都是不可原諒的。人們經常說，散發出正能量的哭泣就像是一場暴風雨，能夠將陰霾一掃而空，將生命中的黑暗元素全部滌蕩乾淨，但暴風雨的降臨是不可能不會帶來任何傷害的。哭泣是我們缺乏勇氣的表現，無論從哪種角度來看，幾乎都會削弱我們的意志能量，從而更讓我們無法接受生命中的各種考驗。

威廉·詹姆斯教授曾這樣說：「無論男女，他們不僅能抵抗那些自然發生的事情，而且還能從中走出來，勇敢地面對那些困境，透過不斷地努力與奮鬥，增強自己面對痛苦的能力。」當然，這是關於人性的一個古老觀點。基督教形成之初，禁慾主義者就曾宣揚自我製造痛苦，從而不斷增強自身的抵抗能力。

人們常說，中世紀早期的那些隱士與神職人員都會替自己製造人為的痛苦，從而保證自己來世存在的價值。來世輪迴的思想顯然是他們這麼做的部分原因，但他們的主要目的就是禁慾。「禁慾」一詞源於古希臘語，從嚴格的詞源學角度來看就是訓練的意思。他們訓練自身的意志能量，從而更能接受考驗與挫折。當那些不可避免的挫折降臨時，他們就能像聖保羅那樣從容地說：「這只是我肉體的死亡！」因為他們相信這一切不過是一個新的開端。

從現實角度來看，當代的每一位心理學家都會與詹姆斯教授持有相同的看法，即人類本性的真正思想是潛藏在這些禁慾行為背後的。在我看來，解決自我憐憫情感最有效的辦法就是尋找某些痛苦的事情，然後訓練自己忍受這些痛苦的能力，從而達到克服這種情感的目的。過去那套自律的方式就是用一根小皮鞭抽打肩膀，直到出血，或是用足以損傷肉體的鐵鍊，從而給身體造成痛苦的感覺。當然，過去的這種做法是有點荒唐的，但這些行為所傳遞出來的精神卻沒有過時。因為身心所遭受的痛苦能提升我們的品格，讓我們能更加從容地面對人生的艱難與考驗。

當我們在面對嚴苛的考驗或不幸時，如果選擇屈服與讓步，我們是很難成長的。我們應該做的是，不去誇大個人所遭受的傷害，因為這是這個時代人們的通病。我們也不能鼓勵那些鐵石心腸的行為，但悲傷是必須得到充分限制的。最重要的是，我們絕對不能成為一個完全自私、完全不在乎他人感受的人。

就某種程度而言，眼淚都是不應該流出來的。對多數一般人來說，歡樂的時光總是比悲傷的時光更多一些，因為幾乎任何人都會出現喜極而泣的情況。正是當我們對人性抱有最深沉的憐憫情感時，眼淚就像天賜的禮物般到來了。世上沒有一種情感比喜悅的淚水更能讓人感到滿足。當母親聽到兒子英勇的事蹟、看到兒子獲得勳章時，她的眼中會流下淚水，但她的心卻是被歡樂與驕傲的感覺所圍繞。此時此刻，她感受到了前所未有的快樂！

第五章　自我憐憫

第六章　避免有意識地使用意志能量

我們的身體就像是一座花園，而我們的意志則是園丁。

——《奧塞羅》（*Othello: The Moor of Venice*）

奧斯汀．奧馬里醫生在他的著作《思想的基石》中指出：「當你意識到你的胃或是你的意志時，你就已經生病了。」隨著現代科技與醫學的進步，我們都非常清楚心智對身體所產生的影響。很少有人能明白奧馬里醫生的這句話，而這句話的涵義才是真正值得我們去思考的。對於那些想要運用自身意志能量去實現目標或保持身體健康的人來說，他們都不應該忘記一點，即如果無法運用身體的某些重要能量，他們必將一事無成。

只有在一系列行動的開端，意識到運用意志能量才是有用的，除此之外，在行動過程中才意識到意志能量，都是錯誤的。因為無論是在行動中，還是在工作中，若總是意識到自身意志能量的存在，這其實是對內在能量的一種巨大浪費，極度增加了我們解決問題的難度。更重要的是，倘若我們在工作過程中，總是惦記著事情做到什麼程度，算計著如何才能完成工作，或是覺得自己應該去做什麼，都會給我們帶來無謂的能量消耗。之所以會出現這種情形，是因為一旦意識到這股能量的存在，就說明其實我們已經出現分心的狀況，這會影響專注度，讓我們很難把手上的事情做好。

很多人認為以前燒水用的那種水壺是「永遠都無法把水煮沸的」。當然，這種說法真正想表達的意思是：使用這種水壺煮水要耗費很長的時間。而站在一旁觀察的人就會感到很不耐煩，因為這個煮水的過程似乎永遠都不會結束。當我們總是注意到自身的行為，想著自己是否能夠保持以往的效率時，我們其實就已經花費了多餘的能量。在面對這些情形時，延長時間是消除這種疲憊感最為重要的因素。若你要求某位不善於掐算時間的人，在沒有計時工具的情況下於兩分鐘後提醒自己，他往往會提前三、四十秒提醒你。也許，只有當他按著自己的脈搏，或是參考可以計算週期的機械運動時，才可能稍微準確地計算好時間。一旦我們在沒有鐘錶的情況下去估算時間，往往會覺得時間流逝得比想像中更慢一些。

最重要的是，人們不可以養成這種習慣：始終意識到自己正在運用意志的能量去保持良好的健康與狀態。因為這樣做，必然會讓他們無法完成任務。我們真正需要的，是讓自己不斷接受訓練，連續去做困難的工作，直到生活中一些普通的行為都顯得相對容易。在這個問題上，智慧的勸服與意志的效率都發揮不了太大的作用。一般人會認為，理智在這個問題上扮演很重要的角色，但這是錯誤的想法。若我們對此進行深入的思考，這就不會對我們的行動造成影響。哈姆雷特（Hamlet）曾說：「果斷的本色蒙上了一層思慮的慘白景象。」這句話極典型地說出了我們那個時候的心理狀態。

莎士比亞（William Shakespeare）非常清楚意志在人生中所占據的位置。也許，他是所有英語作家中最重視意志力量的一位。所以，我才會在每個章節的前言加入他的一些話。當然，在莎翁的著作裡，闡述意志重要性的文字還有很多。莎翁深知人類的一些行為是非常容易削弱自身意志力的，告訴我們「欲望是無法滿足的，被滿足的欲望只會朝著下一個欲望前進出發」。除此之外，莎翁還帶給我們諸如「麻木」、「中性」及「溺愛」等詞語，這充分展現出他深刻了解到，過度的自我關注會削弱意志能量這一真理。

當然，軍隊的訓練模式也是基於這種思維。美國軍隊裡的許多年輕士兵都想充分履行職責，他們不僅想把事情做好，而且還希望自己能做更多的事。這些士兵在歐洲還有許多艱難的任務等待著他們，但我們訓練的方法並不是強調這些士兵的使命感，讓他們提前感知他們所面臨的困境。因為如果真的這樣做，可能會給士兵們帶來打擊，讓他們感到沮喪。但是，這些士兵所接受的各種訓練都是非常有規律的，他們每天都承擔著相應的艱苦訓練，直到他們能夠下意識地對命令做出反應，而不浪費他們的任何能量。他們的身體已經接受了嚴苛的訓練，能將身體中可用的一切能量都聚集起來，隨時準備運用。所以，當他們想去做某些事情時，他們就會毫不猶豫地去做，不需顧慮太多，也不會在做的過程中因為擔心自己可能會遭受傷害而精神疲憊，他們也不會擔心這種工作會消耗他們的能量。即便他們所做的工作顯然超過身體所能承受的範疇，但這也不過是一種臨時的不利狀態，他們很快就能徹底調整過來。

如果在戰場上處於生死關頭，士兵們都必須進行一系列有意識的自我提升，才能喚醒他們的意志，充分釋放自身的能量；如果他們每次都想要知道為什麼任務不能延遲；想要知道為什麼自己必須遵守紀律的話，這顯然是一個笑話，因為服從命令是軍人的天職。我們需要的是無條件地及時服從，而這只有在我們養成根深蒂固的習慣之後，才能真正做到。

我們所做出的每個行為都是自身意志的結果，但我們卻不需要將之視為一個固定的規律。就如在本章開篇所說的那樣，要是某人處於一種時時刻刻關注自身意志能量的狀態，這其實說明他自身意志存在著問題。無論做什麼事，若是我們一開始就關注自身的意志能量，必然會影響能量的發揮，因為這種自我意識其實是對自身能量的極大浪費。

對所有人來說，意志都是一種偉大且自然而然的功能。就現代的心理學發展而言，很多心理學家所談論的潛意識或是無意識，其實都是意志的能量處於運轉狀態的一種結果。至於意志的能量以哪種方式去實現這種結果，我們尚未得知，而且意志驅使我們做出某些行動的緣由，至今仍是一個謎團。很多人都會把意志所展現出來的功能說成是潛意識的自我或是他我所造成的。一般來說，這種表述方法是無法讓我們對意志做出正確理解的。

比方說，很多人都以為，某種驅使他們從睡夢中醒來的能量是非常神祕的，其實這是絕大多數人都擁有的能量。如果人們有意識地運用這種能量，也是個人潛意識的自我或個性所導致的，正是這種潛意識的自我在某個時段將我們喚醒。至於這些潛意識為什麼會喚醒我們，就跟許多我們仍無法解釋的事實一樣，到現在都沒有明確的答案。不過，我們可以列舉一個簡單而通俗的例子：假設某人設定在兩小時後要去做某件重要的事情，他就會不斷跟自己的潛意識灌輸這個資訊，從而讓潛意識去幫助他完成這個事情，即在兩個小時後提醒他去做這件事。即便他此時此刻依然專注於別的事，可能會讓他錯過時間，但這樣的「分神」通常意味著他本人就是缺乏足夠的精神能量去保持專注的狀態。所以很多時候，我們會將這些人稱為不現實的人。

我們都知道在打電話時聽到「您所撥的電話正在通話中，請稍後再撥」時可能帶來的後果，因為當我們下次想到要再給那個人打電話時，也許已經好幾個小時之後了，也許再打這通電話時已經很晚了。要是我們能給自己設定一個很明確的時間節點，我們的意志就會促使我們更加有效地完成這些事情。當然，這個過程是我們無法用言語去表達的。一旦到了那個時間節點，內在的意志能量就會將我們喚醒，讓我們去做下一件比較重要的事情。我們可能會錯過一次電話預約，但我們幾乎不太可能錯過一班重要的火車，因為不能錯過這班火車的提示已經深深烙印在腦海裡了，這驅使我們一定要趕上火車。到火車即將開動時，我們自然會想起這件事。此時，我們就不再需要潛意識去提醒我們，因為意志的能量已經完成了這一過程。實際上，意志的能量就好比是我們體內的一個神奇哨兵，能夠在關鍵時刻提醒我們，讓我們能擺脫日常生活的瑣碎事務，全身心投入到下一件要事當中。我們都知道意志能量所帶來的這位「哨兵」其實根本不是源於自身的意識，但驅使我們擺脫之前的事情，投入到下一件要事的能量也會以相同的方式呈現出來。當我想要一本書的時候，我根本不知道到底是什麼能量驅使我伸出雙手，從書架上拿下這本書，然後將這本書放在膝上，好好地閱讀。這些都是下意識的行為，但絕對不是無意識的行動，因為這些名詞本質上是自相矛盾的。誠然，「下意識」是代指我們自身智力的特殊詞語，這也包括了當代許多心理學家所提到的「無意識」或是「潛意識」，這些名詞所包含的內容都是相當神祕的，需要我們用一個特殊的名詞去指稱。但我們已經擁有了絕佳的名詞去泛指這種並不模糊，且完全可以專指其自身行動的名詞。這個名詞就是「直覺」——此名詞是在一百多年前才開始使用的，現在，這個詞語代表對某個事實的即時感知——所謂的「即時」，即轉瞬之間。我們可能對某個主題一無所知，或之前對此有些模糊的概念。而一旦我們意識到這個事實，我們的腦海就不會閃現出其他的事實，似乎之前許多存在於腦海的一些概念都完全消失了。近幾年，有人提出這樣的觀點，即轉瞬而過的智慧是因某種次一級的個性、潛意識的自我或是他我所影響的。通常來說，這都需要加入一點內容，即我們對心理學發展階段的認知反映出當代心理科學的進步。只是「直覺」這個名詞對很多人來說太過新穎，但直覺成為一種心理現象其實已經被心理學家們研究了多年。毋庸置疑，過去的詩人之所以希望向詩神尋求幫助，就是因為他們認為這樣可以刺激靈感。因為他們知道，想創作出偉大的詩歌，需要的就是那突然閃現的靈感，而不是長時間艱苦的思考。因為一瞬間的靈感可能勝過十年的苦苦思索。這些所謂的靈感，往往都是在他們苦苦追尋良久後，才忽然閃現的。倘若我們說這是一種無意識的東西，實質上是忽視了原初思想——首要感知——所具有的重要能量。愛默生曾說，直覺代表著所有源於直覺之外的知識。他這麼說似乎是在繞圈子，不過他的這句話還是能給我們帶來一些啟示，雖然這個詞語的真正衍生義與直覺沒有任何關係。想將這種原初思想灌輸到無意識或任何有意識的功能之中，就需要我們忽視當代關於心理學的許多研究成果。除此之外，我們還需要解決關於無意識的這個討論，因為這是相當荒謬的。

很多人都傾向於認為，在面對潛意識所提出的觀點時，他們是無能為力的，因為是這個潛意識自我讓他們去做事，或是習慣於某種行為。當我們想要用「意志」這個詞語去替代「潛意識」這個詞時，很多人會覺得這兩者有巨大差異。所有人都意識到一點，即我們的意志是可以透過接受某些訓練，而把某些事情做好的。雖然在剛開始時，需要付出有意識的努力，但卻可以透過養成某種習慣，從而將這些看似困難的事情變得簡單，且在這個過程中，感到內心的愉悅與滿足。而內心的滿足與愉悅感，對我們的身心健康又是不可或缺的。對人類來說，雙腳直立行走起初是極為困難的，人類在進化之初，每個行動都相當困難，但經過一段有意識的訓練後，他們就會對之後的走路方式感到滿意，並且認為這是一種非常輕鬆的行為，幾乎不需要耗費任何多餘的能量。這就充分說明了倘若意志長時間接受某種訓練，它就會讓這樣的行為變得容易。

我們必須要做許多能讓自身獲得健康的事。我們必須要養成許多良好的習慣，從而讓自己所做的事情變得更加容易，且讓自己在這個過程中感受到存在的價值與樂趣。正如講述習慣的那一章中提及，我們是可以做到的，但這需要我們避免養成任何有意運用自身意志能量的習慣。某些人放任自己養成壞習慣，這是非常錯誤的，他們必須迅速地進行改正。當我們想好了某些必須要做的事情後，就需要盡可能地忘記這些事情，之後讓自己自然而然地把這些事逐一做好。這不僅可以做到，而且也是我們必須做到的。因此，人們從一開始就絕對不能期望自己可以輕鬆地運用意志的能量去壓制痛苦或消除疲憊的感覺，或是認為這種能量可以幫助自己輕而易舉地完成某些目標。相反，我們應該懷著自信的態度去面對即將要做的事情，這樣的話，我們就自然能把事情做好。與此同時，當我們對這種訓練的過程投入更少的關注，這種習慣的養成就會變得更加容易，獲得的效果也會更好。

在面對某些問題時，如果我們意識到自己在運用意志的能量，就勢必會迎來失敗的結局。通常來說，若我們想要直接運用意志的能量，也不應該讓當事人意識到自己正在運用意志的能量，相反，他們要做的事情是喚醒自身的能量，用各種方式去刺激這些能量不斷地迸發出來。在這個過程中，特別要注重榜樣的力量。許多年輕士兵都懂得運用自身的意志能量，知道如何訓練自己的身體；知道如何讓自己實現之前認為不可能的事情。這些例子都說明了榜樣的力量確實是無窮的。很多優秀的年輕人成為其他人的榜樣，這種榜樣更是對同齡人的一種極大鼓舞。他們都能好好地完成自己的本職，從無絲毫抱怨，也從未在面對任務時表現出絲毫退縮。所以，他們所做出的每一種努力，其實都可以歸結為一種本能行為，不需要經過所謂的深思熟慮，他們不會考慮到前方有多少挫折或困難，他們始終可以勇敢面對，不需要獲得他人的憐憫與同情。但極為有趣的是，倘若我們能硬著頭皮向前衝，不需多久，之前讓我們覺得極為困難的事情都會逐漸變得容易，甚至會給我們的內心帶來一種前所未有的滿足感。每天早上五點鐘起床，每天工作十六個小時，在這期間只有短暫的休息。即便如此，每天都還是要面對各種額外的挑戰，這對很多人來說都是很難承受的，似乎所有人都只能承受短暫的時間。但我們若堅持一段時間後，就會發現自己可以輕鬆地應對這些事情，並不需要別人的任何提醒。意志的能量流經我們的身體，給我們帶來之前根本無法想像的能量，但這個過程是我們根本無法感知的。誠然，倘若我們進行有意識的反思，這反而會帶來極大的阻礙。這也難怪，在很多人獲得這樣的能量之後，他們幾乎都把意志視為一種精神層面的能量，且是某種與物質涇渭分明的能量源泉，從而為我們的行為提供動力，幫助我們更加輕鬆地完成眼前事務，這種局面是我們之前根本無法想像的。這也是意志的訓練帶給我們的真正價值與作用：最大程度地運用我們所擁有的能量，不要在自己所要前進的道路上人為地鋪設障礙，也不要壓制自身釋放能量，與此同時，絕對不要過度關注這種能量的釋放，或是想著要下定決心。我們該怎麼做，就怎樣去做，而不應該過度地對此進行思考。

詹姆斯教授始終樂於向別人傳達這個重要的事實：讓意志能量保持活躍狀態的方法，並不是讓自己時刻思考能量，也不要經常為自己提供全新的動機或啟動過往的一些想法。相反，我們要做的是培養自己努力去做的能力。當然，有關這方面的論述他也相當著名。在此，我很有必要引用一下他的這段文字，因為這直接關係到我們能否有效地付諸實踐。詹姆斯教授說：

「這是一個相當實用，且與意志習慣相關的格言，我們經常這樣說：每天透過無償的訓練，讓身體的機能保持活力。即在某些毫無意義的點上，我們需要保持一種系統性的禁慾態度或英雄主義的態度，每天要做一、兩件事情，不要問其中的緣由。這樣的話，當某天你迫切需要做某件事時，就會發現自己根本沒有能力去應對，因為你之前從未接受過任何相關的訓練與培訓。這種形式的禁慾主義就像是我們為自己的房子或貨物所購買的保險。在一切安好時，購買的保險似乎是多餘的，甚至可能根本無法帶給我們任何回報。但如果出現了火災，那麼我們之前所購買的保險就能讓我們免受損失。同理，那些養成集中精神的習慣，能夠保持自我克制的人，也是能在關鍵時刻展現出自身能量的。當我們身邊的一切事情似乎都變得很糟糕時，我們依然巋然不動。這種結果看似簡單，殊不知，很多軟弱之人已經在這種挫折面前變成了懦夫，選擇了逃避。

按照自身的意志行事，卻不對此抱有特殊的興趣，其實是一件相當困難的事情。當某人依然年輕，還有很多事情要做時，這是相對容易做到的。當然，做到這一點還需要我們對意志進行一番訓練，與此同時，若我們單純對意志進行訓練，最終會變得更加困難，因為我們可以找到藉口去拖延，導致最終徹底放棄。比方說，當我們在體育館裡鍛鍊時，倘若只是為了鍛鍊身體或保持良好的狀態，出於這種想法去鍛鍊的話，我們很快就會感到無趣，除非有某位教練在一旁不斷幫助我們，鼓勵我們堅持下去。其實更重要的是，我們需要從鍛鍊的過程中感受到運動的快樂，只有忘記運動本身不是為了鍛鍊，而是為了讓自己感到快樂，運動才能夠長久地堅持下去。人一到中年就容易變得頑固，剛開始時，他們相信自己每天都能洗冷水澡，或是早起進行晨練，但他們都無法長久地堅持下去。即便他們能堅持幾個月，若是日常生活中出現了某些狀況突然改變了原本的生活規畫，他們會找到中斷這些規畫的藉口。有人陪伴或者有人與自己競爭，這都能給我們極大的幫助，但這需要耗費大量的意志能量，才能夠將其變成現實。除此之外，當一開始做某事的熱情消退後，日常的流程就會取代之前強烈的興趣，這就會開始讓我們注意到自身肌肉的活動，而缺乏足夠的興趣也會讓我們覺得這麼做是毫無價值的。如果我們不能在這個過程中感受到滿足的話，尤其是在身體之外找到快感的話，這是無法給我們足夠刺激的，而這種鍛鍊所帶來的效果也根本無法展現出來。運動員們經常會說，獨自一人鍛鍊會讓他們的身體發冷，這其實就是對身體能量產生效果的一種形象化表述。當我們把興趣投入到眼前所做的事情上時，體表的血液循環就會減速，溫度因而會有所下降，因此會感到發冷。」

我們常常勸說某人下班離開辦公室後，透過走路的方式返回不遠處的家，這並不是一件很困難的事情，但要讓他們每天堅持下去，並不容易。過一段時間後，走路就會讓他們感到無比單調，他們就會想各種藉口不走路回家。所以，不用多久，他們就無法堅持下去了，而之前的那些努力也幾乎完全失去了價值。正如在所有的運動中，有人陪伴的感覺能夠讓我們消除對自身意志的關注，給予我們極大的幫助。一方面來說，我們從最近幾年的社會發展中可以看到，想把人吸引到戶外，去爬山或是到鄉村走走，其實是比較理想的鍛鍊方式，這是因為人們喜歡在參加運動時計分，或是採用其他可以更容易擊敗對手的方式。任何涉及競爭的比賽都能輕易地讓我們不去注意自身的煩惱。因為這種運動方式不僅能讓我們感受不到疲憊，且能讓我們不斷地重複這種行為，使我們對這些運動越來越感興趣，投入越來越多的時間。因此，自身鍛鍊與競技運動之間還是存在著鮮明對比的。

在參與競技運動時，外在的興趣能增加運動的價值，讓我們更可以堅持下去。當運動的樂趣牽動我們的每一根神經，必然會對我們產生正面的效果。單純的個人運動若無法與競爭連結在一起的話，很容易讓我們感到枯燥乏味。相反，投身到競技體育中，就能夠充分牽動我們身心的能量，讓參與變得更加有趣。很多年輕人會認為耗費時間或精力去獨自進行某項鍛鍊很困難，但若讓他們參加競技運動，他們就會覺得很有趣，這就是其中的差別。年輕人可能會在參加競技運動後感到疲憊，但不會覺得筋疲力盡，而且會逐漸喜歡上競技運動，從而不斷地增加身體的肌肉力量。

因此，對意志進行有意識的訓練，在現實生活中幾乎是種錯誤的做法。因為意識到自己有意識地運用自身能量，會讓我們很難把事情做好，而那些壓制因素的不斷累積，會帶給我們巨大的阻力，從而在短時間內消除我們所獲得的一切好處。我們應該養成良好的習慣，但絕對不應該為了養成良好的習慣而去養成這種習慣，而是應該為了身心健康去做。因此，我們應該有長遠的目標，讓這些長遠的目標為我們提供強大的動力，無論眼前面臨多大的困難，都應該努力地撐過去。

美國許多年輕人透過參軍來證明他們能透過無意識的訓練取得輝煌成就。每天早上要很早起來接受訓練，白天的時間幾乎完全被軍事訓練所占據，他們要嘛長跑，要嘛負重行軍，以至於根本沒有多少屬於自己的時間。他們只能洗冷水澡，這意味著他們的身體能量被進一步消耗。他們平時所吃的食物也是很粗糙的，當然他們還是能獲得均衡的營養，從而讓身體得到全面發展。他們所吃的食物都是很尋常的，軍隊根本不會特別顧及他們的個人感受。不過，對於飢餓的人來說，哪怕是最難吃的食物，也會變得無比美味。因為他們已經明白一個道理：飢餓就是食物最好的調味料。

絕大多數的士兵都會在軍事訓練的過程中，把體能消耗到極限，但只有他們的軍官才會深信自己所做的一切是可以收到良好效果的，因為他手下的士兵都會接受醫生們最全面的身體檢查，即便嚴苛的訓練也不會讓身體造成任何無可挽回的傷害。很多人有機會看到那些大學生在接受軍訓時的一系列表現。長時間的軍事訓練及在室外進行的艱苦勞動，讓這些大學生疲憊不堪，以至於在下午時，他們躺在任何地方都能睡著。我看到很多大學生都是在走廊裡睡著的，或是晚春時節在草地上睡著，還有不少聰明的大學生找到可以躲避陽光安然入睡的地方——不管怎麼說，他們總能夠找到可以睡覺的地方。還有一些大學生甚至在汙水管道旁睡著，可見他們疲憊到何種程度。因為很多大學生之前都沒有接受過正規的軍事訓練，所以要他們突然接受這種訓練，著實吃不消，他們會在訓練的過程中突然昏厥。還有一些大學生的精神處於高度緊張的狀態，甚至在注射疫苗時就會暈倒。不用多說，若是這些大學生還在家裡生活，他們必然早已經停止這種強度的訓練活動，因為他們的家人幾乎可以肯定，這種嚴苛的訓練會給他們帶來嚴重的身體傷害。但這些年輕的學生卻不這麼認為。負責檢查他們身體的醫生也非常有信心，認定造成他們昏厥的所謂「疾病」，其實根本不會對他們的身體帶來損傷，這都是疲憊帶來的一種暫時性症狀而已。年輕的士兵會深深感受到，若是自己中途請假停止訓練，將會是一生都難以洗刷的恥辱。他們覺得自己應該像其他同伴那樣優秀，應該堅持到最後。他們討厭其他人投來憐憫的目光，不希望獲得他人的同情。他們希望能夠繼續堅持訓練，因為他們心中有個遠大的理想。過了一段時間，他們就能相對容易地完成之前認為難於登天的事情，這是因為他們根本不知道自己還有多少潛能尚未被挖掘出來。正是他們心中都懷有遠大的目標，才激勵著他們毫無條件地釋放出內在的能量，直到最後養成了最大程度釋放自身能量的習慣，從而讓這種行為成為第二天性，讓他們更加自然且從容地完成工作。

要是我們在訓練意志能量時習慣性地談論這個問題，就會給我們的訓練過程帶來許多不好的影響，因為我們在這個過程中很容易時刻惦記著這件事。除非某人對做某事有一些積極且樂觀的目標，否則他們想實現預期計畫是相當困難的。若用傳統心理學那套術語進行描述的話，有意識的意志活動需要我們同時訓練兩種功能：意識與意志，這顯然增加了我們對意志訓練的難度。因此，在這個過程中，我們需要一個「誘餌」去激發自身的興趣，不斷促使自己做出進一步的努力，同時不要意識到個人所做的努力，因為只有這樣才能真正把事情做好。無論在任何時候，意識到自己在不斷釋放意志能量，終究會是阻擋我們前進的因素，因為這個過程會消耗我們的能量。人性並不像單純的命令，而是會出現不斷扭動或翻滾性的活動，從而消耗能量。與此相反的是，我們的祈願行為則會讓人感到愉悅，能給我們帶來許多心靈鼓勵，因為這不會為我們帶來任何相悖的反應。這種心靈與意志狀態對每個個體才是最好的。

最重要的是，那些想要養成某個全新習慣的人應該意識到，除了那些大致成形的困難事務之外，我們幾乎沒有其他事情可做了。如果說人類找到某種逃避困難事務或工作的捷徑，那麼人性必然早已驅使我們找到了這種途徑。假如年輕的士兵們覺得自己不需要透過接受嚴苛的軍事訓練，或是履行自己的使命就可以做好一名軍人，他們必然會想辦法去躲避這些讓人筋疲力盡的訓練。正是因為他們無法想到其他的替代辦法，所以只能老老實實地接受嚴苛的軍事訓練，只有這樣他們才能鍛鍊身體，練就一身過硬的軍事本領。一開始，他們都覺得這個過程是無比折磨的，但過了一段時間後，他們習慣了這樣的訓練，就會發現這種訓練能充分挖掘自身內在的潛能，能去做很多他們之前覺得根本無法想像的事。之後，他們在這個過程中不會感到疲憊，反而會給他們一種內心滿足感，覺得這種行為變得越來越容易。

意志的能量只有透過某種習慣性的行為才能使他們做出迅速服從的舉動，讓他們不假思索地對某些事情做出反應，當然有時這會與理智所發出的指令存在彼此牴觸的情況。一個講述退伍士兵的有趣故事就可以說明這一點。一位退伍士兵端著飯碗正準備吃，突然一位喜歡捉弄別人的人大喊：「立正！」這位士兵立即挺直身板，手中的飯碗都掉在地上了。現實生活中類似的玩笑經常上演。我們常常能看到接受過完整軍事訓練的士兵都能做出這種舉動。

想讓意志能量給予我們最大程度的幫助，絕對不可能透過一系列的決心去完成，而應該在努力做好某些事情時，不要去想最終的結果，直到你最終能夠在毫無察覺的狀態下輕鬆自在地完成這些事情。理智在這個過程中並不能給予我們多大幫忙，但飽經訓練的意志卻可以給我們最大限度的幫助。儘管意志的作用如此巨大，但我們必須提醒大家，那就是這也只能透過意志的行動才可以完成。意志所產生的作用與肌肉活動所產生的作用是類似的。向他人展現肌肉活動所帶來的結果，意義是不大的，因為這個過程必然是自動完成的。我們對這個過程了解得越少，最後獲得的效果就越好。

第七章　意志的功能

我能夠輕鬆地將任何事務轉變成我的意志。

——《約翰王》（*The Life and Death of King John*）

從一開始，我們就應該真切地明白一點，那就是在治療疾病——或用一個人們更容易理解的詞語——緩解疾病症狀時，意志所能產生的作用，千萬不要忘記從詞源學的角度來看，「疾病」這個名詞意味著身體出現的不適，而不是任何其他的意思。就身體機能出現的疾病來說，意志的能量並不能治癒這些疾病。因此，我們不能說意志的能量可以幫助我們治癒腎炎，這是無比荒謬的，正如我們無法透過意志的能量讓失去的手指再生。當身體組織出現了某種明確的器質性病變時，這些相互關聯的細胞組織就會在這個過程中發揮取代機能組織細胞的功效。此時，我們談論與治癒疾病相關的事情都是毫無意義的，雖然有時緩解疾病症狀是可以做到的。更為重要的是，身體所釋放出來的各種補償性能量都能發揮一些作用，通常都可以在短時間內緩解身體上的痛苦。腎臟所出現的機能變化同樣也會導致其他器官的變化，這是無論多麼強大的意志能量都無法阻止的，因為意志能量無法讓這些身體器官完全復原，這些器官已經因疾病而受到了嚴重損害，單靠意志的能量是無法恢復的。

但是，對許多功能性病變而言，意志卻能在緩解症狀或痛苦時發揮正面有效的作用。有時意志甚至會釋放出某種極為強大的能量，讓病人能對疾病症狀做出恰當的回應。這在治療肺結核時效果尤為突出。現在，我們已經明白，在治療肺結核時，沒有比病人私自的心理狀態及自身渴望生存下去的意志更為重要的事情了。要是我們缺乏獲得康復的意志，是很難讓疾病得以痊癒的。當我們自身的意志被強烈喚醒後，各式各樣的治療方法，即便其中的一些可能會對身體造成傷害，都能讓病人好轉，因為他們的心理得到了更多的正面暗示，從而相信自己必定可以痊癒。當然，肺部那些因為疾病而死亡的細胞並沒有重生，但意志的能量能幫助我們阻擋這些病變擴散，從而讓肺部其他依然處於正常狀態的組織能逐漸消除疾病帶來的負面影響。當病人置身於空氣清新的環境時，注重飲食層面的調理，對他們身體是大有好處的，不過意志的能量卻絕對不可忽視，因為這種能量不僅可以緩解並消除不適感，還能增強我們的體質，讓我們的肺部可以正常運轉。很多醫生都會說，這種疾病到最後並不是被徹底治癒，而是被暫時遏制住了，這樣的話，病人還可以抱病生存多年，做出很多有益的事。

在面對肺炎等疾病時，想要康復的意志，再加上堅信自己必然能做到的信心，能夠幫助病人度過感染期的關鍵階段。沮喪的情緒從本質上來說，代表著某種程度的心灰意冷，這會對我們的心靈造成嚴重的負面影響，從而給治療帶來不好的作用。在治療肺炎時，我們需要全身心地投入意志的能量，不要讓沮喪的情緒進入自己的心靈。很多人發現威士忌酒能趕走沮喪的情緒，在治療肺炎與肺結核方面有顯著的療效。雖然威士忌酒會讓我們的身體產生一些不良反應，但這種酒能給病人帶來良好的自我感覺，讓他們忽視疾病可能帶來的惡果，這種心態反而會帶來正面影響。正因如此，威士忌酒才會獲得那麼響亮的名聲。同樣的道理也適用於出現感冒發燒時，很多這類患者之所以無法治癒，是因為他們對自己的境況感到憂慮。憂慮的情緒通常會讓病人比之前更加焦慮，讓他們消耗太多的重要能量，而這些重要能量又是治癒疾病的關鍵所在。

在患病的情況下，焦慮的情緒能讓我們對身體內部的運轉情況產生警覺，並且能對我們做出的某些行為進行干預。因此，我們完全有可能因過度關注肺部機能而影響肺部的正常運轉。同樣的情況必然也會出現在我們對心臟的關注上。無論何時，只要我們對身體進行強制性的觀察活動，相應區域的正常功能必然會遭受不良影響。在第六章，我們已經特別強調了這一點，所以此處不再贅述。

即便不考慮過度的自我意識，依然有某些天然的恐懼感會影響我們的身體反應，我們也只能透過意志的能量加以克服。各種類型的恐懼感都是因一系列的壓制造成的，這必然會影響我們的免疫力。想努力消除疾病的症狀，我們就需要充分調度意志的能量。當然，我們能透過心理暗示的方法來做到這一點，或是透過將某些人的特殊動機放在首位，選擇更合適的方法完成意志能量的調度。

當意志的能量得到正確的釋放，必然能緩解我們身體的不適。在很多病例中，我們可以看到這種不舒服其實是因自身過度敏感及過度的關注所造成的。即便是在身患諸如癌症等嚴重疾病時，喚醒意志的能量也能緩解疾病。這也是為什麼許多所謂的「癌症良方」都失效的原因。這些藥物讓病人一開始感覺稍有好轉，之後在某種程度上緩解他們的痛苦，最後醫生才直接對症下藥，從而延誤了治療的時機。病情的惡化會持續下去，也許偶爾會因為我們重新鼓起勇氣而有所好轉，或是延緩惡化速度。但是，那些沒進行治療的病人有時也會感覺良好，甚至覺得自己已經痊癒。我們在治療癌症過程中所採取的方法，其實也適用於治療其他嚴重疾病，例如身體有嚴重外傷，或涉及多個臟器的慢性疾病，甚至是貧血、腳氣病等營養性疾病。當病人的內在感覺被喚醒時，他們就會感覺到希望，而持續地保持這種希望，就可以幫助他們在治療的過程中減輕許多痛苦。

在養病期間，意志能量能發揮最大的功效。當病人對康復滿懷希望，且想要快點好起來時，他們就會注意日常飲食；多到空氣清新的地方散步，不會選擇整天待在空氣汙濁的環境裡；也會更加注重睡眠的品質，因此他們康復的速度是非常快的。每當他們的內心感到沮喪時，例如丈夫與妻子都在忍受病痛，或他們都罹患某種疾病，其中一人去世了，那麼還活著的那個人在康復的過程中必然會出現反覆的病情。理由顯而易見：他們缺乏足夠的意志能量支撐自己，或者說他們不願意面對全新的生活環境，從而導致他們的身體活力浪費在自我意志的消磨中。這種壓抑的情緒只有透過強烈的生存動機才能得到緩解，從而喚醒內在的自我。只有透過喚醒意志深處的力量，重新激發對生活的興趣與勇氣，這種關鍵的意志能量才能發揮作用。

人到中年之後，在養病期間，會面臨到是否有足夠的肌肉能量去控制身體行為的問題，這時就特別需要借助意志的力量。很多老年人都不願讓自己承受痛苦與不適，不願像年輕人那樣再次感受身心的疲憊與挫折，這是因為年輕人還有強健的體魄，他們能控制身體肌肉去喚醒內在的力量。但老年人可能因為長期沒有使用這種能量，導致肌肉出現萎縮。當他們不願意經歷這段痛苦的時光時，他們極有可能感到身體出現嚴重不適，從而身體機能出現障礙，不得不以錯誤的方式去運用身體的肌肉能量。如果他們能在這個過程中喚醒能量，他們的境遇會變好很多。任何能帶來正面積極能量的東西，都是能為身體帶來希望的。有時，這也可能是一種全新的治療理念；也可能是一種全新的按摩方式，有時可能是某種電子或磁性療法；有時可能是某位醫生神奇的治療藥方。只要這能喚醒病人的意志能量，使之處於活躍狀態，病人就能憑藉這種意志能量熬過痛苦的時光，恢復身體功能。

若我們認真審視一下這種治療方法所帶來的功效，必然會感到無比吃驚。很多江湖郎中或騙子都憑藉這種治療手法賺取大量金錢，雖然他們的治療手法只是因為某些特例而取得成功，但來找他們的病人卻不計其數。這些所謂的醫生，對病人做的不過是喚醒意志能量，給予他們對人生全新的希望，讓他們能挖掘自身的潛能，從而為恢復健康立下基礎。要是我們對這些病人說，他們可以透過自身的意志能量而痊癒，很可能會招致一敗塗地的結局。只有當病人不自覺地運用這種能量時，他們才會將這種能量真正成功地運用到治癒疾病上。

意志的能量在解決營養吸收不良等方面可以產生特殊的效果，因為它能消除阻礙我們吸收營養的各種障礙，消除一切為病人帶來不良心理暗示的念頭。很多人都因為各種原因而沒有吃飽，他們需要的是合理安排膳食，而不是往限制食量或挑剔食物等方向去做。雖然這種做法會讓很多人去節食，但是他們從一開始就應該吃飽、注重飲食的搭配，才有可能慢慢將自己的身體調理好，才能讓身體的功能得到正常的發揮。很多人都是因為缺乏足夠的食物而患有精神疾病。對那些長期過著隱居生活的人來說，注重合理的飲食，更多是依靠自己的意志去控制，而不是照自身的食慾去做。當人們說他們吃了自己想要吃的食物時，他們其實已經養成了這種飲食習慣。除了飲食習慣外，還有其他方面的習慣也很容易養成，但是他們必須注意這些飲食習慣要有助於身體健康。對於很多病情沒那麼嚴重的病人來說，他們可能只是身體比較孱弱，受到消化不良、失眠、間歇性頭痛、身體不適或便祕等情況的困擾，要是他們能在確保意志能量的情況下安排飲食，他們就能攝入充足的食物，這是保證他們身體健康最重要的因素。所以說，我們必須訓練自我，透過意志去做到這一點。

按照現代的醫學理論，預防疾病要比治癒疾病更加重要。在預防疾病的過程中，意志成為一個極為高效的元素。空氣、食物、鍛鍊都是保持健康生活所不可缺少的元素。很多人平時不注重規律生活，所以當他們發現身體患有各種影響器官正常運轉的毛病時，都會感到無比驚訝。很多男性及女性都習慣整天待在家，讓自己新陳代謝的氧化過程始終處於低迷狀態，難怪他們身體的重要能量無法充分釋放出來。我們這代人大多數已不習慣於體育鍛鍊了，現代的汽車讓很多人不願意走路，這不僅會讓雙腿受到嚴重影響，且會讓器官因缺乏鍛鍊而無法處於正常健康的狀態。難怪在這種情形下，很多人都缺乏食慾，身體的其他功能也都受到了影響。現今很多人根本適應不了粗茶淡飯，而喜歡吃各種人工添加的刺激性食物，諸如酒精、調味料等。這些食物能刺激我們的食慾，但通常也會給消化器官帶來嚴重的負面影響。想保持健康的身體，我們就需要為這一目標付出努力，特別要注重每天的鍛鍊，一天需要有幾個小時待在室外，吃簡單卻有營養的食物，一日三餐，注重飲食的營養搭配，避免出現憂慮的情緒，因為這些會影響身體機能的正常發揮。

第七章　意志的功能

第八章 痛苦與意志

意志力是無限的，而執行力是有限的。

——《特洛伊羅斯與克瑞西達》（*Troilus and Cressida*）

在疾病所表現出來的症狀中，人們最恐懼的要數疾病所帶來的痛苦了。幸運的是，疾病表現出來的絕大多數症狀，都是意志可以控制的。如果我們勇敢地去面對，這樣的痛苦就會得到極大的緩解，有時甚至可以被我們完全忽視。當然，這個過程需要付出極大的勇氣，也需要持續地運用意志的能量，從而能更緩解疾病所帶來的痛苦。但是，縱觀人類歷史，無論男人還是女人，他們都能夠憑藉自身的勇敢與意志來緩解疾病帶來的痛苦。讓人感到遺憾的是，現代人似乎正朝著相反的方向前進。他們想盡一切辦法去避開痛苦的出現，而不是勇敢地去面對。美國的印第安人從小就接受一系列忍受痛苦的訓練，即便是被敵人俘虜、遭受殘忍折磨時，他們依然能大聲笑出來。敵人會用尖尖的木條插入他們的指甲下方，直到他們的整片指甲都被拔掉；或是在他們的傷口處撒鹽；或是在敏感的地方撒下刺激性的物質……這些原本應該讓他們痛苦不堪的折磨卻反而讓他們放聲大笑。他們甚至在遭受折磨時感到無比自豪，根本沒有表現出任何痛苦或是打算求饒的意思。其實，這是一個關乎人類意志能否克服身體最為深重痛苦的問題，因為我們可以透過對意志能量的控制，從而不讓疼痛的感覺傳達到大腦，不讓身體對這些折磨或疼痛做出任何的反應。

之前的戰爭讓我們深刻意識到，意志在減輕疼痛方面所發揮的巨大作用。在戰爭期間，幾乎每一名士兵都要強忍傷痛，勇敢地去作戰，因為他們除了勇敢面對身體的痛苦之外，幾乎別無選擇。我們經常會當然地認為那些殉道者也許是受到上天的額外眷顧，因為他們似乎在忍受痛苦方面擁有超乎常人的天賦。無論他們是否真的擁有這種天賦，我們都知道，在所有為正義事業而犧牲的人中，並不是所有人都擁有這種忍受痛苦的天賦，但他們卻都展現出同等的勇敢與無畏。他們表現出來的勇敢有很大程度是因為他們已經下定決心，要忍受這個過程中出現的痛苦。事實上，因為對意志能量的控制，他們不會感受到，也不會表現出遭受多大的痛苦。這並不單純是對身體反射作用的一種外在壓抑，更是將自身所感受的真實感覺縮減到最低程度。在麻醉藥出現之前，古人是在根本沒有麻醉的情況下進行手術的。這些人都能以超乎現代人想像的勇氣去承受痛苦，同時把自身的能量保存起來，以便能好好地做事。誠然，其中一些人似乎能在忍受極端痛苦的情況下，依然保持淡定從容。當然，一般人都會認為這種疼痛會讓他們痛不欲生，但他們卻能無所畏懼。

我們都聽說過許多病人是在醫生沒有打麻醉藥的情況下就進行手術的，這些病人根本不需要其他藥物的幫助，就能忍受手術過程中常人難以忍受的痛苦，且最終很快康復。曾經有一位鐵匠住在遙遠的西部，他的一條腿被一根沉重的木梁壓住，導致失去知覺，最後不得不將自己膝蓋以下的部位切掉。他用火將鋒利的刀燒熱，然後幫自己截肢。當然，這位鐵匠所表現出來的意志能量絕對是驚人的，因為他的這種勇敢是常人所無法想像的。但這個例子也同樣說明了人類在面對痛苦與困難時，意志所表現出來的能量是可以壓倒一切的。很多住在木屋或是遙遠漁村的人，在遇到疾病時很少去看醫生，而且根本也等不及醫生到來，所以在很多時候，他們只能依靠自己的意志自救。我們幾乎可以肯定一點，憑藉意志去拯救自己生命的想法，會減輕我們所感受到的痛苦，讓痛苦變得可以忍受。通常來說，這可以證明人類意志的能量是可以透過身體機能展現出來的，且在這個過程中，不需要任何精神層面的影響。意志的力量幾乎始終控制著我們的肉體，即便是在抵禦痛苦時，我們依然能感受到精神力量的存在。當然，想真切地感受這個道理並不是件輕鬆的事情，但我們還是可以透過正確的堅持去掌握。

在戰爭爆發初期，很多年輕人要在沒有麻醉的情況下進行大手術。戰爭爆發後的六個星期裡，出現了大量的人員傷亡，導致醫院沒有足夠的麻醉藥去動手術。除此之外，很多手術都是在前線附近的野戰醫院直接進行的，在這樣的環境下，受傷士兵們在進行手術時根本不會有麻醉藥。讓手術醫生感到無比驚訝的是，很多受傷士兵都能勇敢面對手術過程中那撕心裂肺的痛苦，幾乎沒有任何抱怨，也沒有表現出任何痛楚。這些士兵所表現出來的勇敢，讓人感到無比震撼。很多士兵躺在手術檯上時，始終保持安靜的狀態，只是要了一根菸，然後就忍受著手術帶來的痛苦，期間沒有發出一聲呻吟。這反而讓主治醫生感到無比愧疚，因為他深知這些手術會給士兵們帶來怎樣的痛苦。那些受傷嚴重的年輕士兵躺在手術檯上時，他們都覺得自己的傷勢不是最嚴重的，因此他們也覺得自己在手術過程中沒有理由去抱怨感受到的痛苦。毋庸置疑，正是意志能量幫助他們減輕了痛楚，讓他們可以更加從容地面對，不把痛苦變成折磨。

分散注意力能將我們的想法轉移到其他事情上，從而達到削弱痛苦感受的目的，似乎這些痛苦從來不曾存在過。頭痛經常會在我們遇到火災時瞬間消失，牙痛通常會在竊賊入室時消失。諸如此類的例子還有很多，這些例子都充分說明了轉移注意力對減輕痛苦效果卓越。

有個關於法國醫生治療病人手臂脫臼的故事很有名，也很典型。他的病人是一位很有地位的女人，她的手臂脫臼了。想矯正的話，必然會帶來極大的疼痛。這位醫生深知，除了矯正復位可能帶來身體上的疼痛外，病人的抵抗情緒也可能會使手臂四周的肌肉產生一陣痙攣，從而影響治療效果。在進行麻醉的前一天，醫生對她說這個過程不會出現太大的問題，她要做的只是放鬆而已。最後，醫生準備為她進行關節復位。但是，這位女士大聲喊痛，於是醫生突然非常憤怒地對她說，必須要忍受這種疼痛，且一巴掌打在她的臉上。在她從震驚中恢復過來之前，醫生已經為她的手臂復位成功了。這位醫生是相當勇敢的，最後也獲得了病人的諒解。但這個故事也充分說明了注意力的分散有助於減輕身體的疼痛。

當我們的心靈處於一種完全專注的狀態，意志集中於某個目標時，即便我們的身體正在遭受極大的痛苦，我們也可能毫無察覺。這樣的例子其實並不少見。那些在戰場上衝鋒的士兵經常會受重傷，但他們依然在不斷地前進，根本沒有意識到自己的身體受傷了，只有被其他士兵提醒後，他們才會注意到原來自己已經傷痕累累。可能在察覺到身體的傷口之後，他們會暈過去。已故總統羅斯福（Franklin D. Roosevelt）就曾出現過這種情況。幾年前，他在一次政治集會上演講時遭到了槍擊，但他對此渾然不覺。一位脾性古怪的人朝他開槍，子彈射進了他的胸口，最後停留在肋骨部位。但是，羅斯福總統正在慷慨激昂地進行演說，根本沒有注意到自己受傷，他竟然沒有感到疼痛。當時，他的朋友還祝賀他逃過此劫，之後他們才發現原來羅斯福身上正在不斷出血，因為鮮血已經浸透了他的外套。羅斯福總統所表現出來的強烈意志讓他忘記了身體的疼痛。

在戰爭爆發之前，也有一個讓人震撼的例子。某人雖然長年過著隱居生活，但他依然具有常人難以想像的意志力。這個人是耶穌會的第二任會長，他的前臂長了一個惡性毒瘤，醫生建議他盡快進行截肢手術，將整條手臂全部切除。此時，這位會長已經年過六十，這場手術必然會帶給他無法想像的痛苦。主治醫生建議他在第二天早上來注射麻醉藥，隨後他們會進行手術。但是，這位會長回答，明天他會準時去做手術的，但他絕對不要注射麻醉藥。醫生說如果不注射麻醉藥的話，他是不會做手術的，因為這個手術要切除手臂，要是沒有麻醉，病人根本無法承受這種痛苦，而病人若是在手術過程中稍微動一下或抽搐一下，都可能導致手術失敗。醫生說，最重要的是，身體組織會在手術過程中變得極度敏感，並且這種極度敏感會延伸到其他組織，讓病人的整個手臂都處於充血狀態，加重病人在手術過程中的痛苦與失血量，這是一般人無法忍受的。

但是，這位會長始終堅持不注射麻醉藥，因為這給他一個像耶穌那樣忍受痛苦的機會。我相信主治醫生起初根本不敢幫他做手術。因為他覺得在手術過程中，病人必然會因為疼痛難忍而打斷他，那時病人就會因出血過多及感染而生命垂危。但是，這位會長卻顯得那麼冷靜與堅定，醫生最終同意不用麻醉藥。但所有醫生都認為他堅持不到手術結束。

更為有趣的還在後頭，這位會長在手術過程中沒有發出一聲呻吟，且眼睛始終都沒有眨一下。進行這次手術的主治醫生在事後說：「我似乎是在切割石蠟，而不是在切割人體。當然在手術過程中，病人顯然是在流血的。」

這個故事讓我們明白一點，勇敢之人具有足夠強大的意志能量，去支撐他們勇敢面對這些痛苦，以至於他們在這個過程中根本感受不到任何痛苦，這只是因為他們的意志決定了要這樣做，他們的大腦在這個過程中思考著其他事情。

這位耶穌會會長的事例對很多人來說都是難以想像的，他們可能會認為這應該是中世紀時期的某種神祕主義思想所導致的。在那個時代，人們在進行手術時，所忍受的痛苦是現代人根本無法想像的。我們在一些書籍中經常會看到，那些聖人甚至會故意幫自己製造一些肉體折磨，然後勇敢地去面對，最後依然微笑著迎接此後的人生。對於現代人來說，想進入到這種思想狀態裡，似乎不太可能。現代人發明了許多能緩解痛苦的藥物，這讓現代人缺少了古代那種忍受痛苦的能力。對於現今很多年齡在二十到三十歲的男性來說，他們幾乎都對疼痛非常敏感，根本不願意忍受這種折磨，因此他們對疼痛所做出的反應也是最為強烈的。這可以從很多年輕人在忍受疼痛時的表現得到驗證。

減少對疼痛的關注始終能減輕疼痛感，甚至能完全消除疼痛給身體帶來的影響，即便是錐心之痛，也可以透過這種方法達到目的。薩米耶·德梅斯特在他的著作《在自己房間裡的旅行》中特別指出一個事實，即當他的精神處於一種遊蕩狀態時，他就會用各種想法去填補並排斥身體的疼痛。將精神專注到某個物體上，能夠有效地緩解疼痛，甚至讓我們完全不會留意到疼痛的存在。毋庸置疑的是，思想沉浸於疼痛當中，不斷地對疼痛進行思考，且注意到首先出現的感官疼痛，都會大大增加我們的痛感。身體之所以會出現這種狀況，是因為我們血液供應能力增強了，從而造成對疼痛部位的強烈感受，最後對神經區域產生了嚴重的影響。一旦我們把專注力轉移到其他方面，感受就不會那麼強烈。因此，這種透過把精神專注到其他事物上的方法，能夠極為減輕之前認為是非常劇烈的痛感。想對專注力進行控制，似乎是無法做到的事，但事實上已經有無數的人成功做到了這一點。就算是在忍受著劇烈疼痛時，他們也依然相信疼痛是可以緩解的。換個角度來說，如果我們的專注力都集中在疼痛上，疼痛的感覺就會不斷增加，這是幾乎所有感受過疼痛的人都有過的經歷。

理由是非常明顯的。隨著人類對神經系統研究的不斷深入，我們對中樞神經已經有一定程度的了解。現在，我們認為神經系統是一個連續的統一體，或是一系列的神經元素以直接的方式彼此相連在一起，從而組成了每一個獨立的細胞個體，繼而讓這些細胞存在著連繫，而神經衝動則是透過這種連繫傳播開來的。拉蒙·伊·卡哈爾是西班牙著名的大腦解剖學家，他在幾年前所做的實驗讓我們對大腦有了全新的認識。為此，他獲得了諾貝爾獎以及巴黎公民獎。

他用非常幽默通俗的語言去描述自己的驚人發現。在談到構成大腦的神經元時，他提出了一個「雪崩原理」，用來解釋神經集中在某個部位時，那個部位會變得極度敏感的原因。按照他的這套理論，身體任何一個部位所感受到的疼痛，都會因為我們的感知而逐漸增強，因為這種感知會對大腦產生重要的影響。在正常狀態下，源於身體某個部位的疼痛一般都會集中在大腦中的數千個細胞裡，因為這個區域的細胞是直接控制疼痛感覺的。但是，這些細胞是與神經樹突及各種細胞組織連繫在一起的，同時還與大腦的其他部位連繫著。通常來說，出現的疼痛資訊只會對直接存在連繫的細胞產生影響，但如果我們將精力都專注於此的話，這些疼痛資訊可以傳遞到大腦皮層的其他細胞。一開始受到影響的只是大腦裡的數千個細胞，但最後卻可能蔓延到大腦裡數以百萬計的細胞，甚至是數以億計的細胞。因為這種精神的專注會讓這些細胞「集中起來」，正如生物電研究者所說的，這會產生一種傳遞作用。

這就好比在高山上所發生的事情：山頂上的幾塊石頭因為平時風吹日晒而逐漸鬆動，開始沿著山脊不斷滾動。石頭在向下滾動的過程中會不斷撞擊沒那麼結實的冰塊，從而影響到冰塊旁邊的岩石，隨著滾落速度越來越快，累積的能量也越來越大。一開始出現的微小活動，此時開始演變成讓人懼怕的雪崩。雪崩所擁有的能量不僅會摧毀沿途的障礙，甚至會摧毀山腳下的村莊，有時甚至完全改變一座山的整體輪廓。因此，拉蒙·伊·卡哈爾所提到的雪崩法則對解釋感官刺激的傳播是非常有幫助的，因為這樣的感覺會從原先集中在數千個細胞上的運動，傳送到數以百萬計，甚至數以億計的細胞，讓原先可以忍受的疼痛最後變成難以忍受的折磨。這個過程的產生，就是因為我們的精力完全集中在疼痛感上所導致的。

現在，我們已經清楚了，對於絕大多數人來說，只要他們沒有身體機能方面的疾病，就可以透過控制與疼痛相關的少數細胞來抑制疼痛的強度。當然，這需要他們擁有足夠強大的意志能量，拒絕讓自身的恐懼心理去影響身體感受，並且要努力透過其他事情去分散內心的專注力。這正是那些勇敢面對疼痛的人的做法。受到影響的那部分身體不會感受到疼痛，因為對將疼痛感傳送到大腦細胞的神經衝動進行任何形式的打斷，都會消除我們對疼痛的感受。透過麻醉藥對大腦皮層的神經細胞進行麻醉，使之變得遲鈍，使我們感受不到疼痛，也是類似的道理。若是我們將與疼痛有關的神經衝動進行阻斷，也會產生消除疼痛的結果。任何會影響疼痛感產生的事情，及與大腦皮層存在直接連繫的細胞，都會減輕疼痛的感覺。這就是運用意志力減輕疼痛的生理學原理。

事實上，若是因為恐懼感而感到疼痛，反而會讓疼痛部位更加敏感。我們每個人都可以做一些簡單的實驗去驗證這個道理。通常來說，我們的身體都會有感官神經從身體表面連接大腦，正因為如此，皮膚表面才需要用衣服包住。我們的觸覺神經會對比較粗糙的表面有所反應。我們之所以學會了對此不加留意，是因為我們已經習慣了這種感覺。那些認為這種感覺可以忽略不計的人，真的應該好好觀察一下印第安人在第一次被要求穿上襯衫時，身體所表現出來的各種不適，他們幾乎會倒在地上痛苦掙扎。一般來說，印第安人會漸漸學會壓制他們內心的這種感受，但是要讓他們的皮膚每天與衣服接觸，不斷產生摩擦，依舊會讓他們感到身體不適。而對某些印第安人來說，穿上衣服的那種不適感甚至強烈到讓他們在地上打滾，這足以證明他們對衣服有多麼不習慣。絕大多數人在第一次穿上羊毛內褲時都有不適感，穿上幾個月後，這種不適感就會徹底消失，因為他們已經完全習慣了。

一般來說，出於某種習慣或習俗的要求，大多數人都會對某些情感進行壓制，所以我們很少會注意到自身的一些細微情感變化。當然，我們經常會感到內心出現一種渴望或是無法克服的情感，雖然這些情感就在那裡真實地存在著，但我們卻也只能將這些情感視為身體的一部分，從而對它們進行認知。若我們將精神的專注力完全集中起來，我們就會發現身體的某個部位擁有強大的感覺意識，而這種感覺也是我們之前從未感知到的。比方說，若我們將專注力集中在左腳的腳趾上，我們全身的感覺幾乎都會集中在腳趾上，那麼我們就會注意到之前從未意識到的感覺。我們能夠感覺自己所穿的長襪觸碰到我們的腳趾，而這幾乎是我們在集中專注力之前根本感覺不到的。不僅如此，若我們能將專注力集中在某些可能帶有不良影響的環境上，我們一樣會產生不舒服的感覺。若有什麼事情將我們的注意力吸引到後背，我們也會立即感到後背出現某種感覺，這種感覺可能會隨著專注力的提升而變得越來越強。

現在，我們已經清楚明白了這些例子所要表達的意思。正如我們在上文所說的那樣，若是把專注力集中在身體某個部位，必然會引起該部位的血管出現擴張的情況，這個部位的神經細胞從而得到更多的血液補充，會變得更加敏感。從過往的經驗我們可以得知，在寒冷有風的天氣，臉頰會處於一種充血狀態，即便是一片葉子或一張紙劃過我們的臉頰，都會讓我們感到特別疼痛。每當身體的某個部位出現充血狀態，必然會讓這個部位變得更加敏感。同樣的道理，提升專注力也會讓皮膚表面變得更加敏感，這種情況在我們身上已經得到了驗證。即便是在寒冷的冬天，當我們將更多的專注力集中在自己冰涼的雙腳上時，我們會很快感到雙腳逐漸溫暖起來，雖然這個過程是緩慢的，但最終必然會出現這種情況。正因我們將專注力過度集中在某個部位上，所以身體自然會將更多的血液集中在這裡。在我們真正感受痛苦之前，就預先想到可能會出現的痛苦，必然會讓我們對痛苦的感覺更加強烈。當然，我們對疼痛的敏感程度還取決於其他因素，例如，假如缺乏戶外運動或有氧鍛鍊，可能會讓某些人在面對痛苦時顯得過度敏感，讓他們幾乎喪失抵抗痛苦的能力。

在過去那個沒有麻醉藥的年代，很多病人在接受截肢手術時都需要忍受難以想像的痛苦。但是他們都能鼓起勇氣，淡定地坐下來，甚至冷靜地觀察整個截肢手術的過程，沒有表現出正在忍受巨大的痛苦。歷史上有很多這樣的例子，有一位著名的將軍就是其中的典型，他淡定地吸著菸，而旁邊的醫生正在切除他的一條手臂，但他依然表現得若無其事。他甚至比主治醫生更鎮定，而他超乎常人的承受痛苦能力也在鼓舞他的士兵。畢竟，痛苦與所有危險的信號一樣，都能很大程度地受到我們意志的壓制。在過去的一次戰爭中，一群士兵來到某城市的集市上，這座城市剛剛遭受德軍的炮擊。此時，很多士兵都處於失去鬥志的邊緣，因為他們不知道自己該做什麼。士兵之間彌漫著低落情緒是非常危險的。此時，一位軍官要求士兵們躲到狹窄的小巷裡，因為炮彈沒有落在那邊，所以造成傷害的可能性也較小。但是，每一位士兵都明白，那裡是死地，被敵人包抄的可能性極大，因此士兵們都感到極度的不安與絕望，一些士兵甚至已經到達精神崩潰的邊緣。此時，一位將領要求士兵搬來一張扶手椅，然後他淡定地坐在巷口附近，手拿一根手杖，似乎甘願成為敵軍的靶子。他不時與巷子裡的士兵進行交談，似乎非常悠閒。此時，炮彈就落在離他們不遠的地方。據說，這位將軍是一位身材魁梧之人，體重差不多有三百磅，非常容易被敵軍擊中，但他卻對此毫不在意。此時，士兵們受到了這位將軍的鼓舞，也對敵軍的攻擊保持了冷靜的心態。

有時，我們會覺得過去那些沒有接受過正規教育的人，比現代人更能忍受痛苦，可以說，我們這代人忍受痛苦的能力已經出現了嚴重退化。但是，透過這場戰爭，我們發現很多士兵都擁有忍受痛苦的極強能力，而這些忍受能力強的士兵通常都來自家教比較好的家庭。這些士兵從小接受了良好的教育，同時他們也在接受教育的過程中學會了自律，能夠壓制一些他們認為對人類文明有害的情感表現。透過這場戰爭，我們發現一個比較有趣且讓人感到驚訝的事實，即在都市長大的孩子，在忍受艱苦的軍營生活與接受殘酷戰爭的洗禮方面，要比很多在農村長大的孩子更強。這些在都市長大的孩子不僅能忍受身體上的痛苦，且在面對敵人炮火時也顯得更加冷靜，即便是在受傷後，也不會抱怨什麼。畢竟，他們在走上戰場前就已經預料到這種事情必然會發生。當他們對整個戰爭都做了最壞打算時，他們才能活著回來，即便身受重傷，他們也會覺得是件非常幸運的事。從小在鄉村長大的孩子，很少對疼痛那麼敏感，但他們所缺乏的，是對自我的控制能力，反而在都市成長的孩子在這方面要好很多。

我們認為人類的本性在身體構造方面已經出現退化時，卻發現這與很多在戰場上勇敢衝鋒、不顧生死的年輕士兵的表現是完全相悖的。他們的行為似乎讓我們感覺又回到之前那個先輩們艱苦奮鬥的年代，似乎他們完全有能力像先輩那樣承受重重考驗，最後戰勝困難。這些年輕的士兵表現出來的才華與勇氣，充分展現了他們不僅有能力承受痛苦，且足以面對任何艱難險阻。這是這場戰爭帶給我們的重要希望，雖然過程是非常痛苦的，但人類就是不斷從痛苦中看到希望的曙光，然後借助這曙光，朝美好的未來更進一步。

第九章　意志與空氣、鍛鍊之間的關係

願望就像他們所想的那樣實現了。

——《泰爾親王佩力克里斯》(*Pericles, Prince of Tyre*)

也許，對我們來說，意志最重要的功能就在於其與健康之間存在著緊密的關聯，並且有控制人類在呼吸及鍛鍊等方面的能力。在現代複雜的生活條件下，人們忽視健康生活本質的程度已經超乎我們的想像。除非我們能夠有意識地運用意志的能量養成良好的生活習慣，並且保持下去，否則在現今節奏如此快速的生活條件下，想保持健康的身體幾乎是不太現實的。幸運的是，本能會促使孩子，尤其是嬰兒，在醒來之後立即進行肢體運動。孩子們在不斷運動中快速健康成長。在喜歡運動這方面，男孩比女孩有更多的熱情，因為他們總是喜歡到處玩耍，似乎覺得自己始終生活在陽光明媚的春天裡。當他們發現自己能夠做出一些全新的行動時，他們就會不斷地重複，直到能夠熟練地去做為止。無論他們生活在怎樣的家庭環境中，他們的天性已經決定其需要不斷運動。我們都知道運動對成長來說是絕對重要的，對於他們身體肌肉的訓練也很重要。幸運的是，孩子們能夠自由地進行鍛鍊，因為如果母親強迫孩子們這樣做，孩子們反而不願意做。在這方面，所有母親要做的就是在某種程度上控制孩子們不要玩得太過頭，還要讓他們規避在玩耍過程中可能會出現的危險。

當本能對生活的控制逐漸讓位於理智時，運動鍛鍊這種傾向就會逐漸消失，直到最後驚訝地發現，真正參與鍛鍊的人實在太少了。每個人都是需要到戶外參加運動的，但現代許多人都因為工作等各方面因素，長時間待在室內，這對我們的健康是一種隱患。因為長期待在室內，其實與我們的天性是相違背的，所以很多習慣久居室內的人容易生病，也就沒那麼奇怪了。從身體不適這個說法的根源來說，這其實代表某種疾病隱患。缺乏戶外鍛鍊，會讓很多人產生一些病態的情緒，最後讓他們覺得生活缺乏趣味，覺得日子過得非常沉悶。當然，對於那些患有多種神經疾病的人來說，更是如此。當我們使用「神經疾病」這個詞時，其實已經將這個詞語的涵義擴大了，不僅包括神經系統出現的直接紊亂，且還包括了神經的功能性障礙，同時也包括其他方面的身體疾病，諸如神經性消化不良、失眠症、神經性便祕及其他與神經相關的疾病，再加上厭倦的情感影響日常活動，這些都會嚴重影響我們的生活品質。包括頭痛、肌肉與關節感受的各種不適，以及無力控制自身情緒、習慣性抱怨——如果要我們找尋這些身體疾病和不良情緒的原因，其實可以將之歸結為長期的室內生活。很多人不僅讓自己成為病人，過著悲慘的生活，而且還讓身邊的人也受到牽累。

除此之外，我們也必須記住一點，缺乏戶外鍛鍊會對我們的身體產生明顯的影響，直接導致我們對身體的一些不適特別敏感，這可能是心理層面的問題，也可能是身體層面的疾病。很多人在日常生活中經常出現各種焦慮與不安，有時連他們自己也找不出這些焦慮背後的真正原因。但他們始終處於這種狀態，每天從一種焦慮轉移到另一種焦慮中，日子不斷流逝，但他們的焦慮感卻從未停止，似乎焦慮才是他們人生最親密的朋友。他們每天早上醒來時，就會感受到內心的壓抑，但始終無法把這種感覺發洩出去。要是他們能多參加戶外運動，他們必然會驚訝地發現，焦慮感很快消失不見了。

在這個世界上，沒有比花上幾週時間，到山林裡好好逛逛，欣賞一下鄉村的風景，感受一下緩慢的生活節奏，更能夠驅散我們內心的壓抑情感，將心底累積的不安與煩惱全部消除掉。我們呼吸戶外清新空氣時，其實就是在一點一滴地將大腦裡的思想塵埃清掃出去，讓我們最後重新擁有心靈的自由，感受到健康的身體。這種感覺是從來不參加戶外運動的人絕對不會感受到的。

毋庸置疑的是，保持身體健康最為重要的因素，就是讓自己置身於清新空氣的環境中。在一年的某些時間裡，到戶外參加鍛鍊，不僅讓人感到愉悅，而且能讓我們把內心的煩惱全部清除。就美國這個國家所處的緯度來說，要想長年在戶外鍛鍊，是需要擁有強大的意志能量的。眾所周知，美國的冬天非常寒冷，但這樣做對我們的身體極為有益。當然，夏季這裡的氣候又變得非常炎熱，冬天的時候卻又非常寒冷。對我們來說，呼吸寒冷的空氣特別有益，因為這能讓我們的身體產生一種重要的反應，而這種反應對身體健康而言又是極為重要的。在所有藥物當中，沒有任何一種藥物所產生的藥效會比在冬天寒冷的早晨出去散步、呼吸新鮮空氣對我們的健康更有幫助。在我們整個夜晚或早上都待在室內後，即便只到戶外進行半小時的鍛鍊，也能將我們內心的煩惱全部清除。更重要的是，室內的空氣會變得越來越差，而缺乏鍛鍊也會讓我們嚴重缺乏食慾，導致身體出現疲憊感，此時我們就需要走出家門，到室外好好感受一下陽光與清新的空氣。有時，我們根本不需要耗費任何意志的能量去這樣做，因為我們的本能有很大程度會驅使我們這樣做。至於我們不願意這麼做的原因有兩個：一是我們實在太懶；二是我們根本不注重自己的健康。

人類天生就需要每天規律地在室外運動。不過在現今這個時代，很多人都會選擇乘坐電車或開車上班，他們連路都懶得走。比方說，有些人只要走一英里路就能到達他們上班的地方，但他們依然不願意步行。他們寧願選擇在車站等一段時間，然後坐車上班，也不願意將等車的時間花在步行上。要是我們每天上下班時能堅持走路，不僅是對心智的一種放鬆，同時也是鍛鍊身體的好方法。在擁擠的街道上，坐在車上等待，可以說是浪費生命。若是我們能選擇走路上班，在這段路上，我們可以思考很多事情，對一天的工作也可以做一個規畫。走路給我們帶來的諸多好處中，最重要的就是走路可以變成一種習慣，讓我們的心靈不需要過度專注於某個事物。而若我們擠在車上，要進行這種思考簡直不可能。人們經常說：「野外的一匹馬也比長期待在室內的人強壯許多！」這句話是很有道理的，因為如果人缺乏強壯的體魄，他幾乎不可能駕馭強壯的馬匹。同理，如果我們每天選擇坐車上班，而不願意抽出時間去鍛鍊，這顯然說明我們缺乏這方面的意志，並且自己不願意做出改變。

對很多人來說，若他們每天走路上班或是上學，他們的身體會健康許多。因為年輕人更需要的是運動，只有行動不便的老年人才需要以車代步。特別是對那些長期在室內工作的人來說，他們更需要借助這種機會鍛鍊一下身體。那些在律師事務所上班的職員，那些在辦公室的打字員、速記員或祕書，還有那些每天都伏案工作的職員，他們都需要每天走路鍛鍊一下，而不單單是在星期六或星期天下午才這樣做，而是應當每天都這麼做。對很多上班族來說，要是他們每天走兩、三英里路上班，也許只需要十五分鐘，最多也就是半個小時。也許會超過他們坐車的時間，但他們卻能利用這段時間在戶外鍛鍊。長遠來說，這有很多好處的。

換個角度來說，在上下班高峰期乘坐公車或地鐵，會讓人感到焦躁與不安，因為太過擁擠的環境，不僅讓車內空氣變得渾濁，還會讓人感到身心不安，通常會讓我們在完成一天的工作之後感到內心壓抑。我個人覺得，一天最糟糕的開端，莫過於上班時在顛簸的電車上坐半小時，還要忍受其他乘客上上下下、擁擠不堪。當我們坐車回家之後，內心都會感到煩躁與不安。這種情緒帶來的內心不滿，有時甚至比一整天工作後帶給我們的不滿還強。倘若我們能在這些方面做出一些小小犧牲，就能給我們帶來很多好處。每天早上早起十五到二十分鐘，洗漱完畢後步行上班，走路需要的時間可能要長一，但這對於我們迎接每天的工作是極有好處的，戶外的清新空氣也有益於身體健康。

我們一旦這樣做了，一開始可能會覺得疲憊與雙腳疼痛，但隨著繼續堅持，痛感就會消失，取而代之的將是內心對自身健康的一種強烈滿足感，讓我們覺得這麼做是絕對值得的。若我們能堅持這樣的鍛鍊，我們就不需要什麼藥物刺激食慾，也不需要找什麼藥物治療便祕，這些疾病都會隨我們不斷的鍛鍊而漸漸消失。很多讀者可能會認為，每天走路上班對他們來說實在很不現實，因為他們的雙腳會感到疼痛，讓他們無法繼續下去。其實他們需要的不是藥物，而是充分發揮意志能量，勇敢地堅持下去，這樣的話，痛感自然會慢慢消失。每天保持同個姿勢坐著，對我們身體的血液循環是有害的。因為這會讓我們體內的血管受到擠壓，影響身體對營養物質的吸收，從而出現各類疾病。與此形成鮮明對比的是，穿著舒適的鞋子走路，反而會讓雙腳變得沒那麼敏感。許多年輕士兵都會有這方面的感受，並且在軍事訓練的過程中了解到這樣的寶貴經驗，懂得如何護理他們的雙腳。他們認為對雙腳最好的鍛鍊就是每天習慣性地走路與跑步，當然，要穿著舒適的鞋子。

我認識很多上班族，他們每天在休息時幾乎都是坐著的，基本上不走路。當他們結束一天的工作時，都會感到身心疲憊，然後在晚餐後又會坐下來，之後就是睡覺。要是他們能在每天下班後走路回家的話，那該多好啊！想在這方面說服他們是很不容易的，尤其是在他們每天工作之後都感到非常疲憊的情況下，他們確實需要休息，而不是透過走路讓自己變得更加疲憊，他們也知道自己是需要鍛鍊的。室外的空氣通常比較寒冷，讓人感到很不舒服。所以，很多在大街上走路的人都想走進商店裡取暖。但是在乾冷的天氣條件下，走路會讓血液流通加速，讓整個身體都得到徹底的放鬆。走路通常不會讓我們患上扁平足。當我們穿著舒適的鞋子去走路時，對於足部的健康也是很有幫助的。

一旦我們患上了扁平足，走路就會讓人覺得很難受，但即便如此，若是有一雙合適的鞋子，患者依然能感受到走路的樂趣。要這樣做需要我們擁有足夠的意志能量去養成這個習慣。而一旦我們養成了這種習慣，它帶給我們的快樂與好處，反過來又會刺激我們繼續堅持這樣做。

那些每天堅持走路鍛鍊的人通常會驚訝地發現，他們之前在下班後所感受到的疲憊已不再那麼明顯了，他們也會比之前更想著如何讓自己的心靈得到放鬆。也許，沒有比晚上下班回家吃一頓晚餐，然後坐在沙發裡昏昏欲睡，之後洗完澡就上床睡覺更加讓人覺得生活無趣的了。除非天氣惡劣，否則我們都應該在睡前出去走一圈，這才是我們應該要做的事情。因為這樣通常會消除晚餐之後身體出現的疲憊與倦怠感，讓我們避免出現晚餐後打盹的情形。想在這方面養成良好的習慣，就需要擁有足夠強大的意志力去執行，而不是整天想著，卻始終不付諸行動。不良習慣的養成也非常容易，想破除這種習慣，需要我們非常努力才行。

我們內心的許多恐懼與不安、神經衰弱、精神焦慮，還有其他病態的心理狀態，都會在每天步行三、四英里路後，漸漸地消失。身為醫生，我經常讓病人踐行這個方法。我也是這個方法最忠實的實踐者。我可以非常肯定一點，那就是當我們的煩惱不斷累積時，其實就是我們應該到室外好好走一下的時候了。在這時，我們特別需要步行，好好放鬆一下自己的心情。之後，先前縈繞在心頭的煩惱就會逐漸消散。牧師、宗教團體成員、老師，還有銀行家、職員及從事各種生意的商人，他們都能從這樣的鍛鍊方法中獲益良多。其中一些人後來告訴我，自從他們養成了每天步行的習慣之後，感受到身心從未有過的舒適。但是，我們必須明白一點，這是需要我們去真正實踐的，不是每天走一英里路，而是應該至少走三英里路。這意味著很多人確實要把半小時的時間投入到走路上，但這無疑是值得我們投入及努力的！除此之外，這不僅讓我們的身體更加健康，也能讓我們在面對不斷增加的工作時，有良好的感覺，認為自己完全有能力勝任這些工作。若我們整天都待在室內，也會浪費不少時間，而如果我們在早上或是下午出去散步的話，這種休息必然會對我們更好地完成工作有極大的促進作用。

毋庸置疑，在涼爽的天氣中走路，會帶給我們一種前所未有的食慾。就這方面來說，女性通常比男性更需要了解一些知識。對她們來說，每天養成走路的習慣的確是非常有助於健康的。在現今這個時代，喜歡走路的女性已經非常少了，很多女性覺得走一英里路非常吃力。我認為，這就是很多女性過度敏感，或精神衰弱的原因。同時，這也是造成很多女性便祕的重要原因。我們經常可以在大街上看到很多關於治療便祕的藥物廣告，說這些藥對治療便祕有獨特神奇的療效等。但是我們絕對不能忘記一點，那就是無論男女，他們天生都應該挺起胸膛走路，而這些所謂的藥物其實只會對加速腸胃排空產生作用，但對於改善腸胃功能卻沒多大效果，通常，這種藥物都有副作用。但是，如果我們習慣每天走路，養成深呼吸的習慣，其實就是幫我們的肝部進行「按摩」，同時也可以增強內臟的功能，讓整個人都變得更加健康。對女性來說，走路應該是每一天的事情。倘若她們養成了這個良好的習慣，必然終身受用。在現今這個時代，越來越多的女性走出家門，尋找各種工作機會，像男人一樣找尋屬於自己的人生天地。在這樣的情況下，如果她們想保持健康的身體，就必須下定決心，每天透過走路的方式進行鍛鍊。一旦這變成了習慣，她們將會在潛移默化中得到好處。

在我看診的病例裡，很多年輕時就養成每天走路習慣的女性，在進入更年期之後，她們身體出現疾病的機率要小許多，而且身體也更加健康。讓人感到遺憾的是，現代社會存在一種傾向，那就是越來越多的女性沒有選擇走出家門到外面工作，而是將很多時間都投入到家庭上。沒有比這種情況更加糟糕的了。女性需要走出家門，拓展自己的人生舞臺，若是這些興趣中包括每天抽出時間走路的話，那就更好了。特別是對那些未婚女性來說，養成每天走路的習慣就顯得特別重要。誠然，每天堅持走三、四英里路是需要我們充分發揮意志潛能的。對很多人來說，一開始要走兩英里路可能就會感到疲憊，但我們可以一點點地增加步行的距離，從而讓自己不斷進步。更重要的是，在走路時，我們會感受到心臟部位出現不適的感覺，而步行的習慣則會逐漸消除這種不適感，讓我們確信自己沒有任何心臟方面的問題。當然，就每個具體的病例而言，只有醫生才能夠給予恰當的指引。當我們對肺部進行鍛鍊時，其實就降低了自己冬天感冒或咳嗽的機率，因為我們的身體抵抗力已經大大增加了。

最後，我想說的是，幾乎所有人都能活到七十歲以上，只要他們從青年時期就開始注重鍛鍊身體，養成每天走路的習慣，同時經常呼吸新鮮空氣。英國最著名的一位醫生赫曼．韋伯爵士前不久在倫敦去世，享壽九十五歲。他是從八十歲之後才開始吃藥的，且始終保持健康的身體與旺盛的精力，直到去世。他還為《英國醫學雜誌》撰寫了一篇有趣的文章〈論肌肉鍛鍊與長壽之間的關係〉。在這篇文章裡，他將自己能活到九十五歲的祕訣及如何延長壽命的方法，歸結為他每天在室外待上兩、三個小時，期間不間斷地步行。一般來說，他每週都要步行四十到五十英里路。即便是在惡劣的天氣條件下，他一星期最少也要步行三十英里路。湯瑪斯．艾迪斯．艾姆特醫生前不久剛剛去世，享壽九十歲。他在年輕時，就養了一匹馬，而他幾乎每天都要騎馬。還有很多活到八十歲或九十歲的老人，都將自己身體健康以及長壽的祕訣歸結於每天在戶外進行鍛鍊。

鍛鍊身體不會讓我們的能量消耗殆盡，因為意志會將我們自身潛藏的能量全部挖掘出來，從而增強我們的活力。

第十章　飲食的意志

如果你不做這方面的打算，時間與處境會幫你填充人生的空白。

——《李爾王》（King Lear）

通常來說，飲食應該完全由本能來指引，這是一件有利於個人身心健康的重要事情。當然，對那些經常在室外生活的人來說，的確如此，因為他們的身心都處於一種正常狀態中。室外的生活讓他們的身心獲得充分的鍛鍊，這種鍛鍊會產生強烈的食慾，更能增強他們消化食物的能力。但對很多生活在都市的人來說，工作需要他們長時間待在室內環境中，這樣的環境本身對人的本性就是不健康的。所以，很多在都市生活的人——數目超乎我們的想像——平常都吃得不多，且也有不少人透過各種途徑去刺激自身的食慾，選擇每餐吃得過多。

因此，想透過飲食調理來保持健康的身體，是需要意志來幫助的。一般來說，良好的飲食習慣是可以培養的。在飲食方面，我們很容易養成少吃或多吃的習慣，這兩種習慣都是造成身體不佳的重要原因。究其根本，就是因為人們在飲食習慣方面出現方向性的錯誤。當我們改變生活模式後，原先良好的飲食習慣就會受到影響。透過對過往病例的研究及科學的考察，我們已經研究出每個人一天應該吃多少食物才能保持身心健康，當然從事不同工作或體質不同的人會有分量上的細微差異，但總體原則應該是不變的。

當很多人強調暴飲暴食帶給我們健康的影響時，平時食量過少之人的數量其實也超乎我們的想像。很多人沒達到標準體重都是因為他們錯誤的飲食習慣造成的。一般來說，倘若沒有任何身體層面的疾病，那麼體重偏低幾乎就是因食量過少導致的。很多瘦小的人都堅持一個觀點，即他們的體重之所以偏低，其實是家族遺傳，他們會說他們的父母同樣也體重偏低，或父母中至少有一人是體重偏低的，甚至他們的祖父母也是如此，接著會說他們體重偏低也沒什麼奇怪的。倘若對這些家族的飲食習慣進行認真研究的話，就會發現很多家族出現體重偏低都是因為食量過少導致的。我很多體重偏低的病人其實根本不是遺傳了家族的特徵，而完全是因為他們從小養成了食量偏少的習慣。

其實這種習慣並不是遺傳，完全是後天養成的。這些體重偏低的人每天都會吃一頓比較豐盛的飯菜，也許還會吃兩頓飯，但他們其實少吃了一頓飯的分量。就是這樣，這種進食偏少的家庭習慣慢慢養成了，最後變成一種幾乎無法破除的習性。

很多體重偏低的人體重只有正常值的百分之九十，甚至更少，他們要嘛每天不吃早餐，要嘛就只吃很少的食物。一般而言，負責檢查的醫生都會對這些體重偏低的人說，每天的早餐至少要有一杯咖啡與一塊麵包，有時還要吃一個蛋捲。但無論醫生怎麼說，這些人還是吃得不多。最近幾年，我們的早餐中才有了水果及麥片，而水果通常都是半片柑橘，這種水果對我們身體並沒有特殊的營養價值，只會產生刺激消化的作用。而麥片通常都是即沖的，在吃麥片時，一般人都不會喝牛奶或吃奶油類的食品，所以單一食物對於補充身體的營養是幫助不大的。對很多體重偏低的女性來說，這樣的早餐幾乎就是她們每天所吃的。有時，她們在午餐時也吃不了多少。為了彌補早餐與午餐進食量的不足，她們可能在晚餐時吃得很豐盛。很多都市人在晚餐時都吃得太多了，這可能會使他們的腸胃有消化方面的問題，導致他們因為消化不良而失眠。

要是我們能更均衡一日三餐的分量，對身體必然是有好處的。但必須要指出的是，要破除之前已形成的不良飲食習慣，是需要我們充分發揮意志能量的。特別是對許多習慣每天早餐吃很多的人，想要讓他們早餐吃少點的話，簡直是要了他們的命。他們的意志似乎從來都沒有被喚醒過，所以讓他們改變原先的生活習慣就似乎是不可能的事情。特別是對每天要上班的女性來說，更是不太現實的，因為她們每天從事諸如教書、祕書等工作，吃一頓可口的早餐對她們來說是很重要的。若是在家的話，她們可能會選擇吃一頓熱乎乎的早餐，而到午餐時，她們就會發現自己的胃口沒那麼好了。為了增加午餐時的食慾，她們很多時候都會忽略早餐的存在。到晚上，即便她們吃了一頓非常可口的午餐，此時距離她們上一頓也已經過了七、八個小時，這樣的飲食習慣會讓很多人為了彌補前一天不足的飲食而暴飲暴食。在她們看來，這一切都是相當隨機的，只要肚子感到餓就吃，根本不會考慮到身體所需要的實際能量儲備。

很多身處肺結核療養院的病人之所以長年體重不達標，就是因為他們先前養成了不良的飲食習慣，而這些病人的數量可能會讓很多人震驚。我們經常可以看到，這些人通常對簡單且富有營養的食物都抱持某種偏見，認為人類天生就不該吃這種食物。不少患有肺結核的年輕人之所以遲遲無法治癒，就是因為他們始終抱持這種觀念，即他們無法消化牛奶或雞蛋，所以他們就對這兩樣食物產生厭惡的情緒，且最終將這兩樣食物從食譜中劃掉。還有一些人從來不吃奶油或奶油類的食物。一般來說，在療養院裡，病人都不會注意到自己消化牛奶、雞蛋，甚至是奶油有什麼困難。病人在這裡已經養成規律就餐的習慣，平常也有護士專門照料飲食，除非有病人出現嘔吐或表現出強烈的抵抗情緒——這可能是消化不良的表現。在一般情況下，病人都需要按照療養院開出的食譜就餐。

對這些在療養院生活的病人來說，醫生通常會在兩、三個星期之後詢問他們對這些簡單食物的感受。醫生們會發現病人開始喜歡上這些食物，且為自己之前拒絕吃這些食物感到震驚，同時他們也開始思考，可能是自己先前從來不吃這些食物，才導致自己罹患肺結核的。

當然，那些稍顯肥胖或是超過標準體重不多的人罹患肺結核的機率要小得多。也許，四分之三的肺結核患者都存在一個先決條件，即他們的體重都偏低，從而讓結核桿菌能在身體內不斷滋生，而這經常出現在體重偏低的人身上。對此，我們在生物學上能找到非常好的理由，那就是促進結核桿菌繁殖的基本要素，會在人肥胖時受到遏制，而在人的體重偏低時，會出現不斷蔓延的趨勢。對那些因缺乏食物而體重偏低的窮人、缺乏食慾的人或是因酗酒而無法進食的人來說，他們養成的這些不良飲食習慣是導致罹患肺結核的重要誘因，而這些不良的飲食習慣，也可以透過充分發揮意志的能量去糾正。

讓人驚訝的是，竟然還有那麼多人時常抱怨自己的神經系統出現問題，從而導致自己體重偏低。這些症狀的成因不詳，病源部位不明。那些體重偏低的人幾乎都是因為所吃的食物低於正常量，才最終出現這樣的情況。這些神經症狀包括腹部出現的各種不適感。有時，我們會因為腸內食物發酵產生的氣體而感到脹氣，還有習慣性的打嗝，感覺嘴巴裡有一種苦澀的味道，這與噯氣反胃有關，除此之外，便祕也是腸胃消化不良所引起的。正如在後面的一章中，我們會講到造成便祕最重要的原因就是吃得不夠，無論是從數量還是從食物的種類上來說，都是如此。尤其是對那些原本應該吃多一點，實際上卻吃得很少的人來說，他們的腹部很容易聚集氣體。通常來說，這種氣體會被視為在發酵過程中產生的，但因為發酵過程中釋放氣體相當緩慢，而那些神經性的病人經常出現多次打嗝的情況。顯然，腹部出現氣體的原因是我們應該另外去探尋的。任何一位有醫學基礎的人在看到那些患精神病病人的腹部不斷出現脹氣，且不間斷地出現打嗝情況時，會發現這些氣體應該是因為病人的消化道出現損傷所造成的。我們所談到的神經性消化不良通常都有腹部脹氣的現象。

顯然，上世紀的物理學家們經常說的一句話恰好可以用來說明這個情況：「自然厭惡一切空白。」當腸胃沒有處於它們應該處的飽脹狀態下時，身體自身的機能就會產生一些氣體，從而讓這些氣體進入腸胃。當然，就在幾年前，這樣的解釋依然是難以接受的，因為消化的化學反應被很多人認為是最重要的。不過在最近幾年裡，醫學家們已經達成了共識，認定消化過程中的物理性變化也是同樣重要的。我認為絕大多數認真觀察、研究神經性功能障礙病理原因的醫生都會同意這一點。

除了出現身體上的症狀外，這個過程還涉及精神及神經層面的症狀，出現這些症狀的根本原因顯然是因為病人食量不大而導致體重偏低。我經常看到許多人，尤其是女性，她們做起事來都讓你感覺有心無力。要是她們能從現在開始逐漸增加食量，改變原先的飲食習慣，她們的體重是可以增加的，從而達到正常標準。身體所感受到的極度疲憊通常都是體重未達標所表現出來的症狀，這通常會讓他們在工作之後不參加任何娛樂活動。其中的緣由很簡單，他們在忙完一天的工作後，已經沒有足夠的能量供他們這樣做了。但是，每個人都是需要娛樂消遣的，只有這樣，我們才可以保持健康的身心狀態。而當這些人缺乏應有的娛樂活動時，他們的神經系統就會感到疲憊。在不少體重偏輕的病人中，他們經常吃豐盛的早餐與午餐，但卻缺乏足夠的精神能量支撐他們晚上到戲院看戲，或是參加其他娛樂活動。這些病人可以透過改善飲食習慣來增加體重，達到讓自己充滿活力的目的。

相對於那些擁有良好飲食習慣、體重正常的人來說，體重偏輕的人更容易感到內心的恐懼，最大的原因就是他們的身體未能處於最佳狀態。我看診過不少病人，但讓人遺憾的是，只有極少數病人在戒酒後，出現食慾變大且體重增加的情況。我永遠都不會忘記在這方面看診的第一個病人的情形。這位病人年近六十，在附近城鎮的政界有一定的影響力。他的體重之所以不斷減少，就是因為他經常出席各種宴會，養成了嗜酒的習慣，從而導致身體狀況每況愈下，這讓他在政界的地位岌岌可危。他身高超過六英尺，體重卻不足一百五十磅。我之前給過他許多飲食方面的建議，但效果均不佳。最後，我只能做出最終的努力，盡最大可能幫助他增加體重，從而維持他的政治地位。皇天不負苦心人，我最終讓他明白必須在飲食方面遵照我的方法去做。

想改變一位快六十歲的人的飲食習慣，是相當困難的。有時，我也覺得，若是沒有絕對的必要，醫生是不需要這樣做的，因為這在某種程度上已經超出醫生的職責範圍。當然，這個例子是極個別的。每到傍晚時，這位病人就想要喝酒，因為他以前已經養成了這種習慣。他早餐吃得很少，午餐也是草草了事，到傍晚時，他的身體能量已經處於谷底狀態了，所以他需要用酒精來結束這一天。為了打破他這種壞習慣，我必須從改變他的飲食結構與習慣入手。之前，他每天早餐吃的就是咖啡與蛋捲，現在我要求他每天早餐喝一杯麥片，吃兩個雞蛋和幾片培根。我要求他在吃午餐前，必須到室外運動十五分鐘，在午餐結束後，還要吃一些甜點。這位病人在一週內就增重了三磅。兩個月之後，他的體重已經達到一百八十磅，且在這期間滴酒不沾，因為他覺得自己已經失去喝酒的欲望。這幾乎是十年前的事情了，從那之後，這位病人就再也沒有喝過酒，保持著正常的體重。他說自己從未感覺如此良好，以往到晚上就會出現的困倦感已經消失不見了。現在，他經常用愉悅的口吻對我說：「很難想像，我之前竟然從不知道如何吃飽！」

通常來說，很多神經緊張的病人都會抱怨自己有種疲憊感，但最後都證明真正的病因並不是在身體機能層面——當然，腎臟、心臟或血壓的異常都可能引發這種情況。我們需要進行兩方面的考量：一是病人可能患有扁平足或八字腿，二是他們進食不足。若病人這兩種情況都有，那麼疲憊感就會變得非常強烈，但這樣的症狀也很容易就能治好。那些需要長期站立工作的人特別容易受到這種疾病的影響。

特別是對於那些習慣性精神緊張的病人來說，食量過少會產生很嚴重的影響，因為這通常是他們半夜醒來的原因。食量過少在很大程度上是造成病人失眠的重要原因，雖然他們一般不會在入睡後不久就醒來，但通常都會在凌晨三、四點醒來，之後就再也無法入睡了，其中的原因就是他們覺得餓了。在這種情形下，病人會感到肚子在咕咕叫，但他們卻將出現這種情況的原因歸結為神經系統的問題。或者說，一些病人從醫生那裡得到了某些負面的暗示，認為他們的腹部出現了疾病。但在絕大多數情況下，這都是病人感到肚子飢餓所造成的。特別是對那些在晚上七點鐘之前就吃晚飯的消瘦之人來說，通常要到十一點才會睡覺，其實他們這種情況應該吃一點零食再睡的。他們可以喝一杯牛奶、一杯可可茶，或是吃幾塊餅乾或小蛋糕，但重要的是他們必須要填飽肚子。動物與人類在吃飽之後都有一個共同點，那就是想睡覺，如果肚子沒有被填飽的話，就會直接影響睡眠品質。孩子在這方面表現得最典型，當孩子感到飢餓時，就會不斷地啼哭，不論是夜間還是白天，只要他們感到飢餓，就會透過哭泣的方式要求得到食物。而若父母滿足了他們的需求，孩子就會停止哭泣，很快安然入睡。可以說，我們成年人在這方面跟孩子沒有什麼本質區別。

當我們在晚上七點之前吃完晚餐後，是不可能馬上上床睡覺的，通常都要等到十二點才睡。很多生活在大都市裡的人們都是如此，他們養成了上床睡覺之前吃點東西的習慣。對他們而言，這麼做對保證睡眠品質是很有用處的。從醫數十年，我深刻地意識到在睡前養成吃點東西的習慣，對治療失眠有非常好的效果，且受益終生。就我的經驗來看，那些睡眠品質極差的人通常都是晚上吃得很少的人，這些人還為自己能嚴格控制飲食而沾沾自喜，認為這樣的飲食能確保他們的睡眠品質。但是，這種飲食習慣只會給當事人造成不良影響。糟糕的睡眠品質，經常做噩夢或是半夜時常醒來，通常都是吃得太少所造成的。我認識的那些睡眠品質非常好的人幾乎從不失眠，因為他們在晚餐時吃得很豐盛，之後到劇院看戲或欣賞各類表演，然後到百老匯的酒館裡喝上一杯，點一些威爾斯的小吃，或來一杯霜淇淋，填飽肚子。他們回家之後，不需要多久，就會安然進入夢鄉，一覺睡到天亮。

但是，任何事情都必須分成兩面來看待。在我們強調食量過少的壞習慣給身體帶來不良影響時，也需要明白，這是可以透過意志的能量去進行改正的。與此同時，我們必須要看到暴飲暴食對身體是有害的，但也可以透過意志的能量去進行改正。青少年時期，體重偏低會對我們的身體造成不良影響，而人到中年之後，體重偏高也同樣是危險的。在現今這個物質豐富、食物多樣化的時代，很多人都抵擋不住誘惑，自然而然地成為一個吃貨。最後造成的結果就是，很多人都患有肥胖症，有時他們肥胖的程度甚至讓生活都變成一種負擔。想改變這種情況，只有一種方法，那就是平時注意少吃，當然也必須增加運動量。食量的減少意味著我們要打破之前暴飲暴食的不良習慣，當然，這是非常困難的。試想一下，當你長年習慣每天吃很多食物時，一下子要你縮減三分之一甚至是三分之二的食量，必然會讓你感到非常飢餓，讓你無法集中精神。雖然這是很困難的事，但為了你的健康，為了你的未來，這也是你必須要去做的。在此，家人的幫助就顯得很重要了。家庭成員應該為彼此樹立一個榜樣，絕對不能吃太多，在進食時要有節制，特別是避免吃那些脂肪含量較高的食物。所以，父母在教育子女預防肥胖方面是有責任的，因為想防止這種疾病發生，他們就必須對每天的食譜進行調整，漸漸讓孩子吃一些健康的食物，但不能放任他們去吃。當家庭中的每個人都能堅持健康的飲食習慣時，就會發現身體的新陳代謝速度在減緩，從而有效地降低我們對食物數量的需求，達到在吃飽的情況下減輕體重的目的。

事實上，肥胖這個問題，與那些因為體重偏低而容易患有肺結核的情形非常類似，應當預防第一，治療第二。那些知道自己可能從父輩那裡遺傳某種飲食傾向的人要特別對此保持警惕，絕對不可以養成暴飲暴食的習慣。畢竟，想做到這一點，其實也沒有我們想像中的那麼困難。我們根本沒有必要讓自己在普通的食物面前保持克制，但是需要注意不要吃太多富含油脂的食物。即便是甜點，我們也還是可以吃一點的，但是，要用冰去代替霜淇淋，可以多吃一些酸性的水果，例如柑橘類。柳丁或葡萄都是有助於消化的，還有一些膠質的甜點，也可以放心吃，因為這幾乎不會造成發胖。「好好吃，把自己吃瘦」這句話在最近幾年成為流行語。事實上，我們是完全可以放心地吃，滿足自己的胃口，同時不讓自己發胖的。當然，減肥是一件比較困難的事情，但還是可以透過適當的身體運動達成，關鍵是我們要有這方面的決心。

最近幾年，另一種疾病的出現也逐漸引起人們的關注，造成這種疾病的原因幾乎都是我們在飲食方面毫無節制，但想控制病情其實也並不困難，這種疾病就是糖尿病。之前非常罕見的糖尿病在現代已經變得非常常見了。一位糖尿病方面的專家前不久說，美國大約有五十萬人有可能患有糖尿病，原因就是很多人的不良飲食習慣摧毀了身體對糖分正常的新陳代謝。我們不應該對這種不斷上升的疾病發病率感到驚訝，因為現代美國人對糖類食物的消耗已經到達可怕的程度，這是前幾代人無法想像的。就在一兩個世紀以前，那些想買糖果的人是不會到零售店購買的，必須到藥劑師那裡購買。當時，糖類物質被視為一種可以加入專門用於餵食孩子的食物中裡，當然也經常被摻雜到身體虛弱之人或老年人的食物當中。在那個時代，糖類被視為一種藥物，至少是被當時的人們認為具有某種利尿的功效。就在一百年前，一千噸的糖就足以滿足全世界人們的需求。但就在第一次世界大戰爆發的前一年，全世界總共消費了超過兩千兩百萬噸的糖。據專家統計，美國每個人平均每天就要吃掉零點二五磅的糖。

現在，我們到處都可以看到糖果店。然而就在兩代人之前，糖果店的數量還是很少的，且這些糖果店的消費對象幾乎全部是小孩子。以前，賣糖果的店鋪並不單純銷售糖果，同時還販賣文具、報紙。現在很多糖果店幾乎只銷售糖果類的食物，這已經是很平常的事情了。現在，美國有數百家糖果店，每家店鋪每年要繳納的租金就超過兩萬五千美元，儘管它們銷售的只有糖果與霜淇淋。隨著糖果銷量的不斷成長，人們對糖果類的其他食物需求也越來越大。法式麵包、維也納果醬餅、東方糖果、土耳其的無花果麵包、阿拉伯的棗糕及西印度的芭樂，這些食物現在都已成為我們餐桌上的常見食物。巧克力更成為世界貿易中的一種重要商品，雖然就在幾十年前，真正喜歡吃巧克力的人很少。茶與咖啡也從遠東地區傳播到了美國，而西方人對這兩種飲品的喜愛，更加劇了他們對糖類的消耗。

顯然，除非我們能在這方面有所節制，否則糖尿病將會成為一種極嚴重的普遍疾病，特別是對那些青少年來說，糖尿病對健康的危害性是極為嚴重的。不僅如此，糖尿病的發病率也越來越高。我們每個人都很容易養成吃糖的習慣，大家都知道這只是一個習慣而已，但有時想破除，幾乎與戒掉菸癮一樣困難。其實，我們大家都可以透過澱粉物質製造糖分。若我們在吞下一塊麵包之前用力地咀嚼，嘴裡分泌出來的物質就會將麵包分解，當我們吞下麵包之後，會感覺到嘴巴裡有種甜甜的味道，這就是澱粉轉變成糖分的過程。我們原本應該透過這種方式吸收糖分，但這種方式實在太緩慢而費勁了，所以很多人都直接跑到糖果店購買現成的糖果。糖果與酒一樣，都是人工製造出來的產品，食用過多都會對我們的身體造成一定程度的傷害。從某個方面來看，這其實算得上是化學物質。因此，我們應該養成良好的生活習慣，避免進食過量的糖分。

第十章　飲食的意志

第十一章

意志在治療肺結核方面所具有的重要性

第十一章　意志在治療肺結核方面所具有的重要性

最能展現意志能量對疾病治療產生重大作用的例子，就是治療肺結核。在相當漫長的一段歷史時期裡，肺結核被視為對人類健康有著巨大威脅的疾病。幾千年的時間裡，人們對此束手無策。本書寫於一九二〇年代，當時肺結核還沒有非常有效的治療方法，目前肺結核已經有較高效的化學治療方法，直到最近其危險程度才被肺炎所超越，因為肺炎的死亡率更高。儘管如此，在所有感染肺結核的病人中，幾乎有九分之一的人最終死於該病。這一超高的死亡率似乎意味著意志能量對治癒這種疾病根本徒勞無功。在一般情況下，如果意志能量的確對治療肺結核有作用，肯定會有一些人進行這樣的嘗試與努力。儘管肺結核的死亡率偏高，但意志能量所發揮的作用卻依舊是真實存在的。

肺結核感染極為常見，罹患率甚至比肺結核患者的死亡率更高。在經過長期的討論與研究之後，現在一些醫學權威終於意識到這種疾病驗證了一句古話——「其實，每個人天生都有罹患肺結核的傾向。」顯然，這句話是有事實為依據的。真正能完全避免被結核桿菌感染的人幾乎不存在，因為許多人在某個人生階段都會感染這種細菌，只是感染的嚴重程度有所差別而已。絕大多數人幾乎從來沒有意識到這種疾病的存在，也沒有在對抗這種疾病上獲得成功過。若我們對這種疾病進行追蹤觀察，必然可以在每個人體內找到結核桿菌。但是，很多醫生對去世的肺結核病人進行屍檢時，經常會發現很少有病人是因為肺結核本身導致死亡的，因為屍檢並沒有發現肺結核給身體帶來嚴重損害。通常來說，肺結核之前所造成的傷害其實已經在體內被修復了，且健康的個體部分也沒有受到結核桿菌的感染。在所有肺結核患者中，差不多有八分之一缺乏抵抗力去對抗這種疾病，或是缺乏足夠的勇氣去面對這種疾病，沒有想到採取任何預防方式遏制疾病的進一步蔓延。不過，對那些有勇氣去面對疾病的人來說，他們會不斷想出各種方法對抗肺結核，雖然他們經常受到這種疾病的襲擊，身體在對抗疾病的過程中變得虛弱並失去能量，但他們卻從來都不曾放棄。

很多人認為遺傳因素在肺結核感染方面扮演著非常重要的角色。現在，我們已經知道，遺傳因素對肺結核感染的影響力有限。家族遺傳傾向很可能只能說明因飲食習慣而造成他們體重偏低，從而讓他們更容易被感染而已。通常來說，這是因為家庭共有的生活習慣所造成的，長期以來錯誤的飲食習慣所導致的營養不良，造成他們容易感染肺結核的體質。也許，缺乏足夠的勇氣去面對肺結核，不敢進行必要的努力去抵抗這種疾病的天性，是家族遺傳下來的，但無論怎麼說，環境所造成的影響要遠超過遺傳因素本身的作用。

當下，許多經驗豐富的醫生在醫治肺結核病人時，時常會說：「肺結核只會帶走那些喪失勇氣去面對病魔的人！」也就是說，只有那些向肺結核屈服的人才缺乏足夠的意志能量去勇敢面對這種疾病，不敢相信自己在對抗這種疾病的戰爭中必然會取得勝利。簡言之，只有那些失去堅定目標，不能堅持某種健康生活方式的人，才會成為肺結核的犧牲品。到目前為止，我們依然沒有找到治療肺結核的有效療法與藥物，也無法給病人必定會康復的承諾。雖然很多研究人員已經做了巨大的努力，但現實是殘酷的，徹底戰勝肺結核還要假以時日。不過，最近的研究成果反而強調一個事實：想成功擺脫肺結核這種疾病，必須具有絕對不可或缺的因素——病人必須增加體重、恢復自身的能量、增強身體抵抗力，因為這是戰勝疾病的重要基礎。只有這樣，我們才能看到勝利的曙光。

想確保最終獲得良好的疾病預後，有兩個生活條件是必須滿足的，但更重要的是我們必須持之以恆地遵照這些習慣生活下去。第一個條件，我們必須要生活在空氣清新的地方，有足夠的休息時間。無論出現怎樣嚴重的症狀，都必須保持冷靜。第二個條件，我們要有充足的優質食物，因為這可以為我們的身體提供足夠的營養物質，最大限度地增加身體的抵抗力。有趣的是，這樣的「新鮮空氣與優質食物」療法對治療肺結核來說是非常有效的。即便是在西元二世紀末，希臘名醫加倫（Galen）就已率先在羅馬開創並實行了這種療法。在一千八百多年前，加倫就指出為治療他所說的「肺結核」，自己已經嘗試了多種治療方法，且將這些方法的作用與效果都一一記錄下來。經過更加深入的研究後，他發現治療這種疾病更重要的因素就是清新的空氣與優質的食物。他甚至斷言治療肺結核最好的食物就是牛奶與雞蛋。從加倫那個時代到現在，醫學已經有了翻天覆地的進步，但是加倫的結論在一千八百多年之後依然極具說服力。現在，很多醫生竟然還把加倫提出的治療方法視為創新的治療方式，這真是一件讓人感到可悲的事情。

當肺結核病人喚醒了自身的意志能量，會對治療肺結核產生重要影響。這一點在十九世紀著名的江湖遊醫聖約翰．隆格身上得到典型的展現。隆格對外宣稱已經找到了醫治肺結核的良方，事實上，他撒下了彌天大謊，他想的只有錢，因為他對醫學根本一竅不通。他在倫敦哈里大街買了一幢大房子，很多病人慕名前來找他看病。在容易感染肺結核的季節裡，每天早上與下午，他的診所門前都會因聚集過多的馬車而出現壅塞。找他看病的十個人中，有九位是女士，其中很多女士還接受過高等教育。這些講究時尚且擁有財富的人經常趕到這裡找他看病，且將自己女兒的命運交付給這位無知者。隆格所謂的治療方法也非常有趣，就是透過呼吸的方式治療。他向病人保證，呼吸帶有藥味的氣體必然能夠治療肺結核，因為有一些人就是透過這種方式被治癒的。很多病人在一段時間內也的確感覺到病情有所好轉，而這個所謂的治療方法不過是他為了撈取錢財而臆想出來的。

科迪・傑夫雷森在他的著作《醫生之書》裡提到，就在上兩代時，很多人已經在傳播有關隆格成功運用某種方法治癒肺結核的事情，且大肆宣揚這種方法的有效性。隆格就像一位催眠師，他意識到讓病人聚集在一起進行治療效果可能會更好一些，因為病人之間能夠相互影響，從而提高治療的效果。隆格在他位於哈里大街的房子裡設置了兩個巨大的「吸管」，這些吸管是可移動的，而吸管口處則有數十名興奮的女性在吸氣。這些不同年齡層的女士都顯得非常興奮，因為她們覺得自己的病終於可以被治癒了。她們將嘴唇對著吸管口，吸收著以氣體形式輸送過來的藥物，最後她們的嘴唇都變成粉紅色。當然，在我們這個時代，類似的治療方法依然存在，包括噴霧器、壓縮空氣的器具以及帶有藥物成分的氣體，這些治療方法帶來的正面影響只是暫時的，之後就很難產生任何持續且進步的效果了。

讓人感到震驚的是，我們找到了幾種真正具有成效的治療方法。找隆格看病的病人實在是太多了，所以他根本沒有精力關注與治療每個病人。當他的治療方法具有神奇功效的消息傳遍整個英國時，肺結核病人從四面八方慕名而來，希望能減輕自己的病痛。很多人都是滿懷重生的希望前往倫敦的，希望隆格能再給他們一次生命。面對太多的病人，隆格決定選擇對一些最有可能康復的病人進行治療。在進行真正的治療之前，他要求病人們必須要吃好睡好。某次，當他被叫到某個鄉村去幫某位肺結核晚期的病人診療時，他非常坦率地說：「先生，你已經病入膏肓了，我現在無法幫你治病。你需要的是生存希望，最好經常吃牛排與喝烈性啤酒。如果在十天之內病情能出現好轉的話，我就能為你治療，最後把你醫好。」

我們很容易理解一點，即隆格對所有的肺結核病人都下達了要求他們必須吃好睡好的指示。肺結核屬於慢性消耗性疾病，因此補充營養及注意休息對肺結核治療非常重要，且絕對不能期盼他的藥物可以減輕他們所受的痛苦，說只有這樣他才可以確保病人獲得良好的治療效果。特別是對很多來自鄉村的病人而言更是如此，這些病人的日常居住地氣候多變，所以經常能從環境中吸取比想像中更多的能量。他們已經做好最壞的打算，現在隆格不過是給了他們一個新的希望而已。他們開始充分發揮意志的能量，吃好、睡好。堅持了一段時間後，他們的身體狀況通常都會比之前更好。

即便是那些對肺結核有一定了解的病人來說，想完全遵照隆格的建議去調理自身也是相當困難的，因為必須長時間待在一個空氣清新的環境中，並且注重規律飲食與健康飲食，多食用高蛋白食物——這些都有助於我們充分發揮意志的能量。很多肺結核患者早已養成了不良的飲食習慣，尤其是那些收入微薄、長期處於飢餓或半飢餓狀態的人，吃飽都已經是奢望，更遑論吃到富有營養的食物。可以說，正是他們在飲食方面長期的粗心大意，造成了他們比其他人更容易患有肺結核。想治好他們的疾病，首先必須讓他們戒掉壞習慣，而這個過程通常被證明是極為困難的。

對於每個人來說，要放棄原本的工作與追求，到一個環境優美的地方待一段沉悶的時間，儘管可以呼吸清新空氣、吃到優質食物、獲得充足睡眠，還是會讓很多人覺得生活很無趣。所以說，只有那些真正具有意志能量的人才會忠實地堅持執行這種治療方法，全身心投入到與疾病對抗的鬥爭當中，且獲得最終的勝利，從而完好地回到正常的生活狀態裡。

除非病人隨時準備遵守醫囑，選擇到空氣條件良好的地方去生活一段時間，拋開原本的一切專注於治療，或是像很多肺結核專家所說的控制肺結核病情的擴散，否則想治好這種疾病，幾乎是不可能的。更重要的是，那些肺結核病人應該在發病之初就遵循醫囑，不要等到病情惡化之後才開始尋求全面治療，因為醫生越早介入治療，治療效果就越明顯，治療難度也就越低，病人也能少受點痛苦。一旦病情惡化，就很難治療了。很多肺結核病人一開始都放任病情惡化，導致最後根本無法治癒。很多病人竟然是因為害怕去看醫生，唯恐被告知這種疾病真的是肺結核，且需要及時治療。正是這種恐懼心態讓他們貽誤了最佳的治療時機。

事實上，這就是肺結核死亡率居高不下的一個重要原因——很多病人害怕知道自己病情的真相，不敢直接面對這種打擊，不敢相信自己身體感到的不適，最後竟發展為肺結核這麼嚴重的疾病。他們不敢去看醫生，總是向一些根本不懂醫學知識的人尋求建議。他們會受到醫藥廣告的影響去買一些感冒藥來吃，有時甚至會盲目購買一些毫無作用的「好藥」。伴隨著時間的推移，等到病情的惡化已經讓他們再也無法忽視疾病的存在時，他們才不得不選擇尋求醫生的診治，但此時他們的疾病已經惡化到很難治療的程度。此時，他們身體的抵抗力也嚴重下降，因此他們已經無力積極配合治療來達到預期的效果。

對那些與肺結核病人關係親密的人——無論是親戚或是朋友，他們需要牢記一點，那就是這種疾病是純粹的後天疾病，與遺傳因素沒有關係。或者說，即便與肺結核患者有過一些接觸，罹患肺結核的機率也是很低的。肺結核儘管是傳染性疾病，但並不是隨時都可以傳染，而是有著相對固定的傳染期。一些免疫力較強的人即便接觸了結核桿菌，也可以依靠免疫力戰勝細菌而不會發病。很多人在感冒或咳嗽時，就會下意識地認為自己也許已經得到肺結核，這是非常嚴重的誤解。首先，肺結核表現出來的症狀不像

第十一章　意志在治療肺結核方面所具有的重要性

很多人想像的那樣，經常會出現連續性咳嗽或咳喘，也不會出現體重持續下降的情況。通常來說，這些症狀只會出現於肺結核晚期。還有，假如我們的脈搏突然加快，這也不能成為我們已患肺結核的證據，因為這兩者沒有必然連結與直接關係。

這樣的觀點在過去曾廣為流傳，那些肺結核病人不應被告知他們已患有這樣的疾病，因為這個壞消息可能會影響到他們內心的平靜，從而使他們感到過度沮喪，給他們的身心帶來傷害。現在，這種觀點已經被我們徹底摒棄了。因為在臨床實踐當中，我們發現，當告知病人他們患有肺結核時，其實是利大於弊的。當醫生坦誠地向病人介紹他們的病情時，充分告知其疾病的嚴重程度，這對病人的治療非常有必要。與此同時，醫生也要告訴病人沒有必要過度恐慌，因為這種疾病其實是可以治癒的。在治療的過程中，病人的意志能量必須要被徹底喚醒。畢竟，他們需要始終堅持一種信念——肺結核是可以完全治癒的。現在，我們已經得知，幾乎百分之九十的人都會在人生某個階段罹患肺結核，也就是說，導致肺結核的因素始終在我們體內保持活躍狀態。在較發達的國家裡，只有不到百分之十的患者會因為肺結核而去世。這也就意味著肺結核的致死率並不高，且還有大量患者最終得以康復。現在，我們應該拋棄過去那種認為遺傳決定一切的可怕觀點，因為這種思想只會動搖病人對抗疾病的意志與決心。很多年輕人在看到自己的親人因肺結核而去世時，感到五雷轟頂，認為自己最終也會走上這條絕路。現在，我們已經清楚地知道，遺傳因素對人們罹患肺結核所產生的影響微乎其微，是完全可以忽視的。

想治癒肺結核，沒有比充分發揮意志能量更為重要的了。從純粹的醫學角度來看，這也是現在很多流行藥方及治療方法並沒有突出的療效，但最後卻對病人的康復大有幫助的原因。我們也不能完全肯定地說，病人所吃的藥物必然能喚醒他們內心的希望與堅定的意志，從而為他們的身體康復帶來正面影響。難怪在許多治療成功的病例中，醫生在長達一年的時間裡，都沒有給病人開出任何新藥方。醫生們真正應該做的就是不斷向病人施予正面影響，從而讓他們相信自己必定能戰勝疾病，堅信自己的身體會越來越健康。而想做到這一點，他們必須注重飲食規律，注重及時休息，從而增加自身的免疫力。很多肺結核病人之所以會感到沮喪與無力，就是因為他們缺乏足夠的意志能量。這種低落的情緒會嚴重影響到他們的食慾。假如肺結核病人不去注重自身的飲食情況，那麼他們能得到痊癒的可能性近乎為零。當他們吃好、睡好、養精蓄銳後，還需要將更多的時間用於戶外鍛鍊，呼吸清新的空氣，因為這對他們的肺部是非常有好處的，相當於給肺部一個充分呼吸新鮮空氣的機會。這對提升免疫力與振奮精神都非常有幫助。

最近幾年，我們已經意識到一個問題，只有讓肺結核病人置身於不同的氣候條件下，才可能增加治癒他們的可能性。病人最好能在溫差相對較大的環境裡生活。無論何時，只要病人從一個地方搬遷到另一個地方，不同的氣候條件就需要他們的身體去進行相應調整。當然，病人最好還是前往稍寒冷的地方生活，但最低溫度也不要到冰點。例如，假如下午三點鐘的氣溫是一天中最高的，可以達到華氏九十度，那麼晚上或凌晨的氣溫最好在華氏六十度左右，如此一來，我們就會感到一種寒意。同理，假如下午的氣溫在華氏三十度到四十度之間，那麼晚上的氣溫最好接近零度。氣溫的變化所產生的這種寒意可能會讓人略感不適，但正是這種不適感更能促進全身血液循環，從而讓血液更能流向心臟與其他組織。透過氣候變化來給身體機能帶來變化的做法，其實比任何藥物都更加有效。當我們置身於這種環境時，我們身體的免疫力就會增加，從而在對抗疾病的道路上走得更加順暢，得以痊癒的機率也會更大。

也許，這就是高山氣候地區被很多醫生認為最適合當肺結核病人療養地的主要原因之一。因為相對於海拔較低的地區，高山地區氣候變化較大，晝夜溫差也相對明顯。當海拔高度超過一千五百英尺時，晝夜溫差基本上會在華氏三十度上下。若是在海拔更高的地方，晝夜溫差可能會在華氏六十度到七十度之間。這種晝夜溫差的強烈變化對肺結核病人的治療是很有幫助的，因為這需要他們原本已經衰弱的身體做出適當的反應。除此之外，高海拔地區的空氣也比較稀薄，呼吸會變得更困難。因此我們的肺部必須加快呼吸的頻率，而且每次都要進行深呼吸，只有這樣才能保證我們每次都能呼吸到足夠的氧氣，從而保持正常的生理狀態。中等海拔高度的地區一般是指海拔在七百六十公尺到一千五百公尺之間的區域，這個區間的海拔高度被證明是最適合肺結核病人居住的。夏天時，這個海拔區域的氣候非常涼爽，氣候的變化幾乎不會讓人有不適的感覺。在秋冬時節，很多病人都會為適應這種氣候的變化而感到疲憊，所以他們想要前往氣候條件更為舒適的地方，讓自己不會覺得身體不適或寒冷。若他們透過增加身體抵抗力，從而讓肺結核處於一種穩定的狀態，他們是可以前往較低海拔的地區居住的。但這麼做有可能會讓他們之前所獲得的好處全部消失。此時，他們就需要依靠意志去堅持了。那些有足夠意志能量去堅持的人是絕對不會輕言放棄的，即便是面對讓他們備感沮喪的環境，他們都會為了長遠的利益去堅持——不真正把肺結核治好，他們是不會下山的。所以說，若是病人能堅持治療，他們最終得以康復的機率還是很高的。

在過去，很多肺結核病人都會被送到里維拉、阿爾及爾：地中海沿岸區域，包括義大利的朋嫩特、列凡特和法國的藍岸地區。阿爾及爾：阿爾及利亞首都，位於北非北部，地中海沿岸。里維拉與阿爾及爾都是旅遊、療養勝地。或其他氣溫變化相對比較穩定的地方治療。那時候，治療的核心理念是，若病人能避免因為氣溫變化而產生的寒意，那麼他們的身體就會更加健康。肺結核表現出許多讓人不安的症狀，會在病人生活於此種環境時變得緩和，但疾病並不會痊癒，只是不會進一步惡化而已，有時甚至只是惡化速度略為放緩。肺結核病人生活在這種比較舒適的環境中並不需要多少意志能量，但讓他們生活在低海拔地區卻失去了治療的真正作用。

對很多人來說，每天參加室外活動或觀察自然，是一件讓他們內心相當滿足的事情，能夠帶給他們愉悅的心情，從而為治療肺結核建立堅實基礎。要是他們能將這重要因素變成習慣，對治療是極有幫助的。也許，我們會將發現阿第倫達克山脈以及其他中等海拔的山脈對治療肺結核方面所發揮的功用，歸功於特魯多（Edward Livingston Trudeau）醫生。因為特魯多醫生非常喜歡室外活動，且特別喜歡攀爬阿第倫達克山脈。當他因罹患肺結核而自認時日無多時，他寧願將山脈作為自己長眠的地方。居住在這裡要面臨嚴酷的氣候與艱苦生活的考驗，且遠離都市與人群，沒有他人的照應。居住在山裡期間，他從未想過奇蹟會發生，沒想過自己能擺脫肺結核。身為醫生，他見證過許多肺結核病人最終去世的悲慘事實，但他寧願在面對自然時死去，也不願意死在令人壓抑的都市裡。

在很多人看來，特魯多醫生下定決心要到阿第倫達克山脈去生活，不過是他的臨終願望而已。他的主治醫生確信他這趟旅程不會對治療肺結核有任何幫助，他們都認為，也許特魯多只是覺得來日無多，想要去完成人生最後一個心願。抵達阿第倫達克山脈之後，儘管這裡的冬天非常寒冷，但他依然喜歡在室外走動。最後，他竟然活下來了，而且還發明了一套系統的戶外治療方法，在過去五十年間拯救了許多肺結核病人的生命。可見，在五十多年前，特魯多醫生需要多大的決心與毅力才會獨自一人前往阿第倫達克山脈生活。每當他想下山購買一些生活必需品時，需要駕駛馬車沿著崎嶇的山路來回四十英里路。山上沒有水源，他只能透過砸碎冰塊來取水，或是到寒冷的湖泊中破冰取水。冰冷刺骨的水對任何人來說都是一種嚴酷的折磨，但是，他依然有勇氣與意志去面對困難，且最後不僅讓自己奇蹟般地存活下來，還幫助了許多病人。

讓人感到遺憾的是，很多肺結核病人在第一次接受這種治療時，都能按照醫囑去做，積極地到戶外呼吸新鮮空氣、注意飲食，但若他們需要第二次來到中等海拔地區生活時，他們就會很不願意。在這種情況下，堅持是無比重要的，只有那些堅持到底的病人才能得以康復。很多原本病情已經得到緩解的病人，就是因為未能堅持按照健康的生活方式調養，導致功虧一簣。充分發揮意志的能量，堅持調理身體，這對治療肺結核是極為重要的。特魯多醫生本人在成功控制了肺結核後，活到七十多歲。但他也發現，想長時間居住在高山上，是非常困難的一件事，因為他經常需要回到低海拔的平原去處理事務。更重要的是，在他被診斷患有肺結核之後的四十年間，他每天都憑藉著意志的能量堅持參加戶外活動，呼吸新鮮空氣，讓自己每天獲得充分的休息時間。正是他對自己嚴格的要求，及常人所不能企及的意志能量，讓他超越了眾人，且在患病的情況下幫助了更多的病人，取得巨大的成就。他不僅活了下來，還做出了非常有價值的貢獻，這在醫學界是非常難得的。可以說，在研究與治療肺結核方面，沒有比特魯多醫生的強大意志能量更讓人印象深刻的了。

第十二章　意志在治療肺炎方面所具有的重要性

第十二章　意志在治療肺炎方面所具有的重要性

意志在治療肺結核的過程中產生的重要影響同樣適用於對肺炎的治療。近幾年的臨床醫學實踐並沒有帶給我們任何治療肺炎的特效藥，反而讓我們了解到意志能量在治療肺炎過程中所發揮的重要作用。我們都意識到了一點：消極的情緒會削弱病人的勇氣與意志能量，這在治療過程中會導致非常大的負面影響。很多時候，我們都不太忍心讓患有肺炎的老人聽到任何壞消息，特別是某位近親去世的消息。這些壞消息所帶來的心靈震撼與壓抑感，可能會對病人造成相當嚴重的後果，甚至可能是致命的。我們的心臟需要盡最大努力才能將血液運輸到尚未被感染的肺段。任何可能削弱這種能力的事，或可能讓病人感到沮喪的事，都是必須盡可能避免的。

當一位五十歲左右的病人聽到某位與自己年齡相仿的朋友因肺炎而去世時，必然會對他的心靈造成巨大衝擊，讓他偏離原本正確的生活軌道。這些負面的消息會嚴重影響他的正常心態。我們都知道，當心態趨向於病態時，身體也會隨之出現疾病。對一位肺炎患者而言，尤其是那些已過中年的病人，壞消息對他們的打擊是巨大的，讓他們根本看不到生存下去的希望，而醫生也必然能感覺到病人負面的心態加重了病情。也許，在治療肺炎的過程中，沒有比幫助病人鼓起勇氣與鬥志、堅定戰勝疾病的信心更加重要的了。

在治療肺炎的過程中，勇氣是必備的要素。因為體內受感染的器官想要康復，就必須要讓情感得到控制。任何情感上的波動都會給心臟造成某種程度的負擔，改變我們的呼吸方式。當一位肺炎病人一直臥病在床，數著自己每分鐘四十次的呼吸時，儘管他之前可能從來不會意識到這一點，但他此刻能感覺自己的心臟正在努力地跳動，承受著巨大的壓力。難怪他會感到恐懼，這種恐懼的情感又發生在他身體最糟糕的時刻。他可能會有意識地做出一些努力，從而幫助自己的肺部更能運轉，但這麼做最終都是弊大於利的。在長達五天至九天的時間裡，他必須勇敢地面對可能出現的糟糕結果，希望最後會有好的預後，且保持自己的勇氣，不給心臟增添額外的負擔。對年過中年的肺炎病人來說，只有這樣做才能保證他們可以承受肺炎所帶來的考驗。年輕人所具有的旺盛精力及活力，能幫助他們更順利地度過這些難關。除此之外，年輕人通常都不會對未來有過多的牽掛，良好的心態也有助於他們更容易康復。

就在十幾年前，威士忌與白蘭地或其他烈酒都被視為治療肺炎的最後希望。對那個時代的人來說，很多著名醫生都把威士忌與白蘭地視為治療肺結核的有效方法。這種治療方法背後的醫學基礎，就是受到感染的肺段會對心臟產生額外的壓力，因為心臟需要受到一定程度的刺激才可以面對這種壓力，而烈酒就提供了這種外在刺激。當然前提是刺激必須限定在一個相對安全的範圍內。因為酒精會加速心臟跳動的頻率，所以被很多醫生認為是一種有效的刺激物，也被視為是刺激心臟的最佳選擇。其中還有一個原因，只有長期使用酒精去進行刺激才會出現一些副作用，但在相對有限的時間裡，副作用並不明顯。在治療肺炎的過程中，心臟之所以需要刺激，是因為心臟必須將更多的血液傳輸到尚未受到肺炎感染的肺段，若是心臟在泵血的過程中缺乏力量的話，是無法有效供血的。除此之外，肺炎患者需要比平時更多的血量流經未受感染的肺部，從而彌補被感染肺部不能正常工作所帶來的功能缺失。

很多富有經驗的醫生都相當肯定一點，即酒精刺激是最有效的治療方法，因為酒精對心臟的刺激是有效且副作用最小的。一些醫生甚至說，若讓他們在威士忌或白蘭地等烈酒和藥物之間選擇的話，他們寧願選擇酒精，因為他們深信酒精能拯救更多肺炎病人的生命。他們非常確信過往的醫學經驗完全可以證明這一結論。

現在，我們已經清楚酒精並非單純的刺激物，它還會發揮麻醉藥的作用。酒精能加速心臟跳動的頻率，雖然這不是透過直接刺激造成的，而是透過影響心臟的植物性神經，從而讓心臟跳動加快，正如所有的火車引擎都會安裝安全閥，從而防止引擎轉速過快，使之能保持在某個安全的範圍內。同理，我們的心臟也有類似的「安全閥」，讓心跳不會太快，保持在一個平衡的速率上。酒精正是透過對心臟植物性神經產生影響，從而加快心跳速度的。此時，血壓不會升高，相反，還會出現下降的情況。酒精所產生的效果其實是壓制作用，而不是之前人們所認為的刺激作用。儘管如此，許多醫學研究者似乎都認定，在治療肺炎與肺結核時，使用酒精能產生正面療效。我們在意識到酒精所產生的壓制性作用與生理影響時，還想要依靠它來控制疾病，這的確是一個悖論。

酒精確實會讓人產生某種自我感覺良好的陶醉感。病人在喝酒後會消除之前內心的焦慮，但同時也會降低病人的身體活力。酒精的刺激作用對身體產生的影響，也許只是輕微的，但它對病人心理的影響卻是巨大的，因為這顯然能增加病人對康復前景的希望。若沒有酒精的刺激，病人內心的恐懼感就會讓他們在某種程度上失去自我控制的能力，這會嚴重影響他們的心臟活動、影響肺部功能。在酒精的影響下，病人們會獲得勇氣。當然，這是一種人為製造出來的勇氣，但這也是一種勇氣，依然能給病人帶來希望。很多擁有多年臨床經驗的醫生們都注意到了這一點。隨著內心恐懼感逐漸消除，病人能運用自身的意志有效地去消除精神層面上的不利因素。

誠然，這確實說明了一點，在十九世紀時，使用稀釋的酒精去治療疾病是極為常用的。當時幾乎所有的醫學課程都會推薦使用酒精治療炎症，例如敗血症、產褥熱、傷寒、斑疹傷寒及肺結核、肺炎等疾病。這些疾病通常都會讓病人感到極為焦慮，而這種焦慮又嚴重影響他們的免疫能力，阻礙身體的康復。在一定的條件下，這種恐懼感足以對病人造成嚴重影響。威士忌等烈酒至少能消除病人心中的恐懼感，讓他們有足夠的勇氣去面對疾病。

首先，我們要確保病人的意志處於正常狀態，沒有受到一些負面精神因素的影響，這是極為重要的。其次，我們應該最大限度地提升病人面對疾病的勇氣。清新的空氣對我們來說是極為重要的。室外的空氣能帶給病人足夠的勇氣，消除他們內心的恐懼，讓他們感覺到自己可以去完成那些看似不可能完成的任務。毋庸置疑的是，這是吸收清新空氣療法所帶來的一種正面效用，對治療肺炎也相當有好處。因為這能讓病人的心理處於更健康的狀態。病人必須要盡可能處在樂觀積極的狀態，不能表現出不安的情緒，不能始終板著臉，不能哭泣，不要讓疾病影響自己的心情，不要擔心一些無謂的事情。那些想要儘早康復的病人必須盡可能消除一切障礙。這就是最近幾年有人說良好的護理對治療肺炎最有效的原因。這句話並不意味著良好的護理就能取代醫生的功用，而是說，若二者能結合起來，那麼病人就會在治療過程中盡可能少受點折磨，從而自我感覺良好。即便他們有幾天會感到不適，但也只是暫時的，遲早都會得以康復。

光線充足的房間、微笑的臉龐、床邊的鮮花、友善的問候……所有這些都能增加病人對自身的良好感覺，增強面對疾病的意志，讓他感覺只要自己保持積極正面的態度，不去影響自然康復的過程，就一定可以痊癒。既然數以千計的肺炎患者最後都康復了，那麼自己也必然能夠康復。

第十二章　意志在治療肺炎方面所具有的重要性

第十三章　咳嗽與感冒

真正的能量與可以修正人生的力量都源於我們的意志。

——《奧塞羅》（*Othello: The Moor of Venice*）

在某些人看來，意志能量可能對諸如咳嗽、感冒等類型的疾病產生不了任何作用。不過，當人們對這些疾病有更深入的了解與認識後，就會發現事實並非如此。若我們充分發揮意志的能量，這些疾病的症狀就會得到緩解，痊癒的週期也會大為縮短，且病情的複雜程度也會隨之降低。在某種程度上，意志能量能幫助我們更容易擺脫疾病。對上一代人而言，醫學界人士認為如果病人感冒或咳嗽，他們最好還是乖乖待在家或某個相對封閉的地方，從而讓自己處於溫度比較平穩的狀態，以更能呼吸清新的空氣，就像我們在治療肺結核與肺炎時所做的那樣，清新的空氣對我們迅速康復是極為重要的。清新的冷空氣總是對我們的肺部很有幫助，無論我們處於怎樣的狀況下，想將這些實用性的結果運用到實際，其實並不需要多大的勇氣或是意志能量。當然，若我們能勇敢地面對疾病，那麼必將會取得滿意的結果。我們的呼吸狀況也會在治療過程中得到好轉。

當然，我們必須要深刻明白，任何病人如果體溫上升，都應該乖乖躺在床上休息。無論在何種情況下，發燒的病人都不應該到處走動。然而，這並不意味著病人不能到室外呼吸新鮮空氣。他們所在病房的窗戶應該敞開，如果可以的話，還應該盡可能地將病床挪到窗邊或靠近陽臺的位置。冷空氣能給他們帶來清爽或微寒的感覺，雖然他們有時會對此抱怨，但他們必須努力克服這種不適。當然，如果寒冷的空氣影響到身體的血液循環，或讓他們感到手腳冰冷，嘴脣發紫，那麼病人就應當馬上回到溫暖的地方，因為出現這種情況就意味著病人的身體正在對此做出預警，暗示他們必須保護好身體。但是，病人主觀感受的涼意並不是遠離寒冷清新空氣的藉口。與此相反，他們更應該從呼吸這種空氣中獲益。而想做到這一點，他們就必須充分發揮意志的能量，去抵抗呼吸寒冷空氣所帶來的不適。

患有咳嗽的病人都應該盡可能多走到室外呼吸新鮮空氣，不管咳嗽的情況有多麼嚴重，只要沒有出現發燒症狀，都應該堅持手頭的工作，但要避免置身於空氣汙濁的地方。要是我們繼續長時間待在室內，很有可能會讓我們得到併發症，從而罹患更嚴重的疾病。這類病人應避免置身於人群擁擠的地方，這樣做一方面是為他人著想，因為他們很容易把體內的病菌傳染給他人，同時也是為自己著想，因為他們的身體處於虛弱狀態，很容易感染外在的細菌，從而加重病情。他們應該走到室外，呼吸新鮮空氣，尤其是要到有陽光的地方走一走。這樣做能大大減少咳嗽與感冒持續的時間。

這些病人需要比之前更多的時間休息，而且每天應該臥床休息十到十一個小時。要是他們白天睡不著的話，也無須為此煩心，完全可以閱讀、編織或做其他能讓他們精神專注的事情，在這個過程中，要一直保持躺著的姿勢。他們不能長時間步行，因為這容易讓他們感到疲憊，而是應該暫時推遲這些活動，在病情有明顯好轉後再進行。

在咳嗽時，我們必須記住一點，咳嗽的本質是要將肺部、咽喉內累積的垃圾全部清除掉。除非出於這樣的目的，否則我們絕不能無謂地咳嗽。想做到這一點，需要付出一定的努力。呼吸道是很容易出現感染的，無謂的咳嗽會給呼吸道帶來額外的負擔，這對呼吸系統的保養是無益的。毋庸置疑，很多人喜歡在毫無必要時咳嗽。其中一些人已經養成無事咳嗽的習慣，還有另一些人則有明顯的模仿傾向。這些行為對人類來說都很常見。人們經常會在進行宗教禮拜時聽到有人發出一陣咳嗽，接著沒多久，整個教堂似乎都被傳染，很多教眾也都開始咳嗽起來。要是某人在一場布道演說過程中發出咳嗽聲，那麼其他人幾乎很快也會發出同樣的聲音。咳嗽與打哈欠一樣，都很容易被他人所模仿。

以前，一位著名的德國醫生曾提出一個著名法則：每個人都不應該為自己的咳嗽或撓頭去做證明，除非這種舉動是有價值的。除非你能從咳嗽的行為中得到好處，否則你就不應該這樣做。很多經常咳嗽的人其實是在延長自身的康復過程，這對身體是有害的。若在咳嗽的過程中咳出了許多痰或有害物質，那這種咳嗽是恰當而有必要的。但很多人其實是在有意識地模仿他人咳嗽的行為，這種行為說明他們對自身病情的潛在意識。通常來說，這種咳嗽行為意味著當事人希望能獲得周圍人的憐憫與同情，這種行為必須受到意志能量的控制。當病人發現自己咳嗽的次數越來越少時，幾乎可以肯定自己的身體正變得越來越健康，最後自我的感覺也會很好。

其實，對患有咳嗽的病人來說，他們需要喝更多的水，而不是吃更多的藥。他們平時應該注意多喝溫水而不是冷水。他們必須充分發揮自身的意志能量，從而確保自己平時能有規律地保養身體。若病人本身沒有體重超標的問題，他們在每頓飯之間喝一夸特（約九百六十公克）的溫水，就能有效降低咳嗽的頻率。他們晚上也應該喝杯熱牛奶，這可以保證良好的睡眠品質，同時讓他們不會在夜間出現過多的咳嗽。若病人想透過藥物迅速解決咳嗽問題，所服用的藥物必然會產生一定的副作用，而對身體造成更大的傷害。顯然，咳嗽的行為通常是與感冒直接相關的，但若真正希望身體迅速痊癒，必須充分發揮意志的能量。很多能夠減緩咳嗽的藥方也會對內分泌系統造成影響，對身體的正常運轉帶來副作用，從而給病人更大傷害。絕大多數治療咳嗽的藥物幾乎都會產生這種影響。很多醫生都會利用奎寧或威士忌治療咳嗽的病人，但這種做法經常會給病人帶來更大的傷害。現代醫學理論認為，使用奎寧或威士忌等治療持續性發燒的做法已經過時了，因為以前的醫生認為奎寧對治療任何炎症都有效，但現在我們已經知道，奎寧只對瘧疾導致的發燒有效，而對其他類型的發燒無效。威士忌本身就是一種麻醉品，而不是刺激藥物，只會給病人的身體帶來更大的傷害。近年來，越來越多的人選擇各種瀉藥、止痛藥或消炎藥作為治療咳嗽或感冒的方法，認為這些藥物能預防各類併發症。但事實上，這些藥物只會給身體帶來傷害。上述提到的這些藥物即便讓病人的病情一時好轉，也會給他們的身體帶來嚴重的不良影響，讓他們無法迅速擺脫這些疾病。

有時，當我們的親人或朋友極力推薦某些感冒藥時，想抵抗服用這些藥物就需要強大的意志能量。在這個過程中，我們真正需要做的就是喚醒自身的意志能量，勇敢地說不。按照現有醫學理論，我們還沒找到可以在短期內治癒感冒的特效藥。有時，使用瀉藥會在某種程度上削弱病人的免疫力，這些治療方法都是過時的。直到現在，一些醫生還會使用銻或甘汞（calomel，又稱氯化亞汞）等藥物，或是使用瀉下的方法進行治療，甚至沿用中古時期的放血療法，認為這可以治百病。我們根本不相信將腹內的食物全部清空會對身體有益，除非存在某種特殊的指標說明這麼做對身體有好處，否則必然會對身體產生不良影響。

一位醫生執業的時間越長，就越不會選擇某些藥物去強行消除感染部位。當然，咳嗽與感冒都屬於感染性疾病。富有經驗的醫生會意識到病人想完全康復，必須經過一個自然的過程，其中最重要的一點就是讓病人盡可能保持良好的健康狀態，增加身體抵抗力，因為只有這樣才能從根本上加快康復的過程。當然，康復需要醫生充分發揮自身的意志能量，避免使用任何不科學的治療方法，不透過人為的方式縮短病人的病期。任何醫生在從業多年後回顧之前的治療歷程，都發現病人會感謝他當年沒有選擇讓他們服用一些所謂的速效藥，而是選擇相對保守的方式把他們治好。無論病人染上怎樣的疾病，依靠病人自身的能量去康復，才是最有效的。

想好好預防或治療咳嗽與感冒，病人絕對不能害怕清新寒冷的空氣會給自身帶來不良影響。很多人似乎都擔心這一點，如果自己接觸寒冷的空氣，病情就有可能惡化為肺炎或其他嚴重的併發症。當然，我們也不能忘記，一年中最容易染上肺炎的季節是秋季與春季，十月、十一月、三月與四月都是肺炎患者死亡的好發期。但十二月、一月與二月的死亡率並不高。據統計，在美國所有的大型城市中，肺炎患者死亡率最低的城市就是蒙特婁，因為蒙特婁在十二月與一月份時，氣溫通常都在零度以下，且每年積雪持續覆蓋的時間長達三、四個月。肺炎患者死亡率最高的地區都是在一些氣候相對溫暖的南部城市，這些南部城市在季節轉換時，幾乎不會出現太過明顯的氣溫變化。呼吸清新寒冷的空氣對我們的肺部是有好處的，能夠增加我們對抗病菌的能力。現在，很多醫生都已經意識到了這一點，即人體免疫力是預防與治療疾病最關鍵的因素。

咳嗽、感冒、支氣管炎、肺炎及其他常見的呼吸系統疾病很少出現在居住於寒冷地帶的人們身上。極地探險家們很少會被這類疾病侵襲。雖然他們在極其寒冷的地方生活了數月，但依然不會被感染。他們幾乎都是在零下三、四十度的環境中生活，手腳幾乎都要凍掉了，但他們卻依然沒有罹患任何呼吸系統疾病。幾年前，一支探險隊在北極圈生活了長達兩年的時間，沒有隊員患有支氣管炎或咽喉疾病。而當他們在春季返回時，很多隊員都感冒了。南森與他的隊員在北極生活期間，身體始終處於健康狀態，他們熬過了兩個寒冷的冬季，卻在回到文明世界後不到一週的時間就染上流行性感冒。所以說，很多人都會產生這種錯覺，即認為生活在溫暖舒適的地方不易感冒，而生活在寒冷的地方很容易感冒。

在很多城市裡，冬天都會有不少人感冒，之所以會出現這種情況，主要是因為很多人擔心自己的身體無法承受寒冷的天氣。辦公大樓每到冬天都會讓室溫保持在華氏七十度左右，從而讓在裡面工作的人感到舒適。即便外面天寒地凍，室內的溫度都是讓人感到舒適的。正如美國公共衛生局所指出的那般，因為室內比較乾燥，且缺乏空氣流通，所以很多人在夏天時會感冒，發病率甚至超過有「死亡谷」之稱的亞利桑那州。很多時候，人們穿衣都是講求風度而不是溫度，所以有時在天氣轉向寒冷時，很多人依然穿得很少。當身體表面的溫度高於氣溫時，血液就會集中在肌膚表面。即便有時我們感到不適，也要充分運用意志能量去保護自己，這才是我們預防感冒、咳嗽以及其他併發症的最好藥方。

第十三章　咳嗽與感冒

第十四章　神經性氣喘與意志之間的關係

真正懂得權衡利弊之人，必然是喚醒意志能量之人。

——《特洛伊羅斯與克瑞西達》（*Troilus and Cressida*）

第十四章　神經性氣喘與意志之間的關係

幾年前，馬堡大學的弗里德里希．穆勒教授在臨床醫學論壇的閉幕式上發表了一篇關於支氣管氣喘的演說，之後他前往柏林的一所大學任教。穆勒教授在演說中提出：「每一位氣喘患者都是由於自身原因而發病的，所以他們必須對自身進行研究。與此同時，我們也絕不可以忘記自我暗示在治療氣喘這種疾病的過程中所發揮的作用。」他的這段話也許說明了為什麼很多醫生只是向氣喘病人推薦藥物，卻沒有系統性的治療方案，治療效果也欠佳的重要原因，雖然發明這些藥物的研究者在進行臨床試驗時功效是良好的。

穆勒教授的這段話只適用於神經性氣喘這類非感染性疾病，絕不能應用到其他任何感染性疾病中。毋庸置疑，即便是最嚴重的過敏性氣喘，也可以透過心理暗示的方式得到緩解。

氣喘最典型的特徵就是在呼吸時會出現嚴重的困難。正如斯特倫貝爾教授所說的：「氣喘是因為支氣管分支收縮越來越小，從而支氣管的終端出現了阻塞所導致的。」氣喘並不是因為病人無法呼吸到足夠的空氣，導致他們的肺部無法正常運轉，而是因為他們無法將肺裡面的空氣排出去，從而造成呼吸道出現問題。氣喘發作時，人體會出現痙攣，往往會導致肺部充滿氣體，從而造成無法繼續呼吸的感覺。以前，有一位船長在出海期間突然氣喘發作，有人對此深表同情，因為他的呼吸很困難。這位船長回答，因為自己體內已經積存了太多的空氣，所以他必須排出一部分氣體。他隨後說：「如果我能把肺部的氣體排出去，我才可以繼續呼吸。所以你們來幫幫我吧！」呼吸系統出現痙攣通常是因為病人感覺自己已經無法正常呼吸了。他們要做的就是努力吸氣與呼氣，從而加速肺部氣體的排出。

很多時候，我們都不忍心看到患有氣喘的病人表現出的那種痛苦與慌張。那些從未遭受過氣喘侵襲的人根本無法想像他們當時所承受的痛苦。造成病人罹患氣喘的主要原因是他們的支氣管平滑肌出現了痙攣，只要這種痙攣得到緩解，他們與健康的人其實並沒有什麼區別。在病人氣喘發作期間，他們體內可能會累積某種物質，從而造成肌肉的疲憊，而在這時，意志能量可以發揮很重要的作用。

至於是什麼原因造成了這種痙攣，我們目前一無所知。但可以肯定的一點是，精神因素在發病過程中扮演了重要的角色。對很多人來說，他們對引起氣喘的即時原因會感到無比恐懼。一些人只有在承受某些讓他們極度不安的精神感受時，才會出現氣喘。只有在偶然的情況下，生理因素才會與某些精神因素結合在一起，導致發病。由貓引起的支氣管氣喘是比較常見的一種過敏性氣喘，通常是在接觸了家貓等貓科動物後才會出現，而接觸大型的貓科動物如獅子、老虎都不會讓病人發病。對於那些飽受這類氣喘折磨的人來說，他們會對貓產生一種天然的反感情緒。還有一個重要的原因就是，這些動物可能散發出某種物質，從而導致病人出現感染性氣喘。同理，很多接觸馬匹的人也會患有氣喘。而患有這類氣喘的患者中，只有少數人會注意到他們是在與馬匹接觸後才發病的，例如被脫韁的馬匹衝撞到。

若人們能對許多氣喘病例進行研究，他們必然會認為，這些對貓、馬有所恐懼的患者在經過一段時間後，恐懼感並不會讓他們得到此種疾病。這種恐懼感有時會與身體其他部位的不適連結在一起，這可能是心臟或腎臟等器官出現了某些問題，從而讓患者對這些器官產生擔憂之情，讓他們覺得自己的身體出現了某些嚴重的問題，雖然這些所謂的問題不過是某些功能性的小毛病而已。特別是在出現心悸時，很多人都會認為這是心臟病的前兆。在某些病例中，我們還可以發現病人出現了肺氣腫——病人的肺部出現了過度舒張的情況。因為病人的胸腔前後直徑會變長，從而導致胸膛的寬度與厚度接近桶狀胸，這種類型的胸膛有時會被誤以為胸肌發達。假如病人出現這種症狀，他們會很擔心自己的心臟或神經系統可能出現問題，從而增加他們罹患氣喘的可能性。

從我的臨床經驗來看，很多畏懼黑暗的人如果之前習慣了與他人一起睡，突然讓他們獨自在黑暗中睡覺，他們可能會出現氣喘。甚至我認識的一位醫生就是在這種情況下出現氣喘症狀的，其原因就是害怕黑暗會逐漸將他吞噬。我還認識一位情況特殊的醫生，他就算是在白天獨自走在紐約的街道，也會感到很不舒服，若讓他晚上獨自走在大街上，他就會出現嚴重的氣喘症狀。每當他來找我看病，都得帶他的妻子，因為他住在臨近的城鎮，來到這裡需要走一段距離，而他害怕獨自走完這段路。他很擔心自己會在這個過程中氣喘發作，為了避免出現無助的情況，他希望妻子能在身旁。

從這些病例中，我們不難發現，治療氣喘的重要方法就是盡力消除病人在氣喘發作時出現的那種恐懼感。一旦氣喘發作，病人必須要用堅強的意志去抵抗，擺脫內心的恐懼感，從而緩解感受到的痛苦。病人需要喚醒他們的意志能量去控制病情，盡可能呼吸更多的新鮮空氣，避免任何可能擾亂其內心平靜的因素，將各種憂慮全部清除掉。身材偏瘦的人需要努力增重，運用意志能量去實現這個目標。那些食量偏大卻不喜歡運動的人，則應努力減少食量，多參加運動，從而保持身心健康。與此同時，任何能喚醒病人內心自信，讓他們堅信自己的健康狀況正在不斷好轉的事情，都可以被視為治療過程的一部分。這些事情都會幫助病人延長發病的間隔時間，減少氣喘發作時的痛苦。毋庸置疑的是，意志能量在控制氣喘的過程中，扮演著極為重要的角色，臨床實驗證明，這個方法的療效頗佳。

第十四章　神經性氣喘與意志之間的關係

很多備受醫生推崇用來治療氣喘的藥物，其實都是治標不治本的，這種情況更說明了想治好氣喘，更需要我們發揮意志的能量，勇敢地面對這種疾病，堅持鍛鍊身體，消除疾病發作的根源。如果病人缺乏對自身能量的信心，不懂得運用自身的意志能量，他們是無望痊癒的。病人必須克服內心的恐懼因素，不要聯想到那些可能會引起發病的事情。即便病人的氣喘可能是因為心臟或腎臟本身出現功能性障礙，他們也應該保持正面的態度。無論氣喘何時來襲，病人都不能對此感到恐懼，因為這種恐懼心態會嚴重影響病人的呼吸系統。病人必須依靠意志的力量去克服這些因素，藥物在這個過程中只能發揮輔助功能。有時，精神層面問題的解決會讓病人徹底康復，而純粹的藥物治療則可能徹底失敗。

第十五章　腸胃功能與意志的關係

第十五章　腸胃功能與意志的關係

二十多年來，人們對腸胃在消化功能方面作用的認知已經出現翻天覆地的變化。我們的先祖曾認為胃是最重要的消化器官，而認為腸道不過是輔助性的消化器官，只是將廢棄的殘渣排出去而已。現在，關於胃與腸的生理作用認知幾乎已經完全被扭轉了。我們將胃部視為一個薄「口袋」，裡面裝著我們每天吃的食物，然後進行某種程度的初步消化，最後才進入腸道內進行更深入的消化與營養吸收。胃部對我們吸收食物營養的作用很小，腸道才是對食物消化與營養吸收產生決定性作用的器官，因為胃部出現的不適往往都是胃部的蠕動能力出現問題所致。胃部幽門的收縮會導致食物無法進入腸道，讓我們的健康造成嚴重的影響。胃部的擴張可能會產生類似的結果，而受到感染的胃部也需要我們的特殊照顧。

如果胃部能正常地把食物傳送到腸道，腸道自然就會完成屬於它的本職工作。很多人在進行常規的胃部檢查時，會發現胃部其實沒有任何分泌功能，卻也沒有因為這個事實而表現出任何不適症狀。這種情況被稱為胃液缺乏，胃部無法分泌胃液，用科學術語來表述，就是食物無法被胃液消化。由此可見，胃部只是一個儲存食物的地方，需要我們每天注意飲食習慣。人就像食草動物，需要胃部儲存食物，從而讓體內的食物能在長達五、六小時的時間裡，為我們持續提供營養，就可以有足夠的時間去做吃喝以外的事。

胃部相對於腸道在消化功能中扮演次要角色的結論，是可以從以下這個事實得到驗證的：有些病人的胃因為患有胃癌而被切除，但他們在此後的日子裡體重竟然增加了，健康狀況也有所好轉。施拉特是世界上首例幾乎將整個胃部切除的病人，但她竟然在此後很短的時間內增重四十磅。她在肺癌期間體重掉得很厲害，因為癌細胞影響胃部儲存食物的能力。在胃部切除後，她必須非常注重飲食，很多時候都只能吃流質食物。她進食的間隔時間通常在一個半小時左右，而不像正常人一樣可以在五、六個小時之後再用餐。她的腸道沒有因為負荷過重而出現無法正常消化的情況，而腺體、肝部與胰腺都分泌出大量的液體，從而幫助消化。可見，腸道在消化過程中扮演更為重要的角色。

近年來，醫學界對腸道在消化方面具有的核心作用有了更加深入的認識。這就好比一個鐘擺，從一個頂點擺動到另一個頂點，而我們的認知也幾乎出現這種狀況。更重要的是，腸道功能所處的某些階段有時會吸引我們的主要關注，從而讓我們產生過度焦慮的情緒。每當出現這種情況時，腸道功能必然會受到影響。我們的注意力有很大程度是集中在腸胃清空的殘餘食物上，從而造成很嚴重的影響。很多人的腸道功能其實都很正常，但卻因為將專注力集中在消化過程中，而讓消化道產生負面影響，最終造成了較為嚴重的後果。所以說，很多消化不良的病人之所以會染病，就是因為他們對消化過程投入太多的注意力，從而影響了腸道的正常功能。總而言之，腸胃消化食物是完全自發的，我們根本沒有必要對此過度關注，不要想辦法去加速腸道蠕動以增加消化功能。

這個結果至少從某種程度上說明了腸道功能為什麼容易失調。我們現今到處可以看到醫藥廣告強調某些藥物能加快胃排空功能等，且還附帶說明這些藥物是毫無副作用的，完全可以安全服用。它們大言不慚地說這些藥物不僅能減輕消化不良患者所感受的痛苦，而且還能夠預防各種併發症的出現。若患者輕信它們的話，可能會帶來嚴重的後果。幾年前，馬修．阿諾德醫生在美國參加一場研討會時說，這個世界需要的是「指引與光明」。但深刻了解美國人生活方式的醫生不久前才說，如果醫藥廣告所說的是美國人的真正需求，那美國人所需要的就是瀉藥及更多的瀉藥。這些醫藥廣告需要醫藥公司耗費大筆金錢來投放，有時廣告的費用甚至是藥物成本的四倍之多，所以他們只有推銷出更多的藥物，才能將本錢賺回來。據說，美國人每年購買瀉藥的花費超過十億美元。就這方面而言，只有威士忌與菸草的銷售總額能比它稍高一些。

所有的瀉藥如果長期服用，都會給病人帶來嚴重的身體傷害。醫生在幫病人開瀉藥時，總是說這些藥物是科學家們研製出來的，向他們保證這些藥物不會產生任何副作用，但病人在服用一段時間後往往會表現出嚴重的症狀。誠然，當病人患有嚴重的便祕，服用瀉藥的時間才可能會延長一些，但服用這些藥物應該根據病人的具體病情而定，而不是以兩害相權取其輕的原則來進行選擇，因為這樣最後還是會讓病人的身體得到傷害。最近幾年，就連稠油（指液狀石蠟，一種從石油中提煉出來的衍生物）也能當瀉藥，也被廣泛使用了。在經過深入的研究與長時間的觀察後，我們發現稠油會對身體產生嚴重的副作用。因此，醫生在幫病人開藥時，必須明白不能只顧及緩解病人眼前的痛苦，更應該考慮這些藥物是否會讓病人以後的生活有潛藏的禍患。

腸道活動出現紊亂並不是身體本身的問題，而是因為許多人都違背了自然生理法則。隨著人們更加講究飲食、對食物的選材要求越來越高，現在很多粗糧基本上已經告別餐桌了。但是，我們的腸胃運動或蠕動正需要這些粗糧。如果我們每餐都吃白麵包，軟骨或肥肉，想盡一切辦法清除豬肉中的結締組織，這對我們的腸胃而言是極其不利的。很多人現在幾乎不吃胡蘿蔔或甜菜等蔬菜。正因為如此，我們沒有給腸胃提供更適合消化與促進其蠕動的食物。除此之外，我們喜歡坐車而不喜歡走路，所以身體沒有獲得鍛鍊。要是我們平時沒有做任何伸展運動的習慣，我們的腸胃活動就會變得緩慢，最後不得不選擇一些刺激性的藥物去強迫腸胃加速蠕動。

腸胃排空有很大程度是關乎我們自身的意志。在這個世界上，很少有天生不喜歡運動卻依然擁有良好消化功能的人，消化能力好的人基本上都是養成正確飲食習慣的人。對很多人來說，他們必須下定決心，充分發揮意志能量，將那些粗糧重新納入食品名單中。他們必須要吃燕麥或全麥麵包，必須要規律地吃水果，而且還連皮一起吃掉，例如蘋果、梨子、杏、李子等都是可以連皮一起吃的。即便是柑橘，有時我們也可以將橘子皮剝下來吃，因為橘子皮對於加速腸道消化也是很有幫助的，還能加速排出體內毒素。

當我們烤馬鈴薯時，必須要連著馬鈴薯皮一起吃掉，因為這樣做有助於我們的消化。馬鈴薯皮所富含的鹽分及其他物質都是對我們有益的，特別有助於促進消化。最近幾年，一位法國醫生發現用炭爐烤東西吃對治療腸胃功能紊亂是有幫助的。要是我們在吃水果時削皮或是吃肉時有選擇地吃，都可能影響到我們的消化功能。現在很多消化不良的人都會想辦法吃一些能刺激消化的藥物，但這對消化功能本身就是一種損害。

按照現代醫學的觀點，造成腸胃功能紊亂的另一個重要因素就是身體缺乏足夠的水分。很多經常待在室內的人，平常不會像經常在戶外活動的人一樣那麼注意補充水分，還有那些經常住在有暖氣房間裡的人，也會覺得自己並不缺乏水分。現代室內的加熱系統會讓我們體內的水分流失得更快，所以及時補充水分就顯得格外重要。平時，我們可以感覺到傢俱、書籍或其他物品乾燥，容易開裂或變鬆脆。若不注意補充水分，身體也會如此。因此，我們有必要下定決心，充分發揮意志的能量，養成在兩餐之間喝五、六杯水的習慣，尤其是在早上起床時多喝水，在晚上睡覺前也要注意喝水。記住，我們不要喝熱水或溫水，而是要喝冷水，因為這樣能加速腸胃蠕動。就這方面而言，我們需要養成一個良好的習慣，而意志在這個養成習慣的過程中又是極為關鍵的。有時，我會幫病人開一些對身體不會造成傷害的藥物，例如鋰鹽，告訴他們將鋰鹽溶在水裡，每天喝個三、四杯，從而幫助他們養成喝水的好習慣。他們很願意服用這些藥物，但不敢肯定的是，要是他們沒有服用藥物動機的驅使，是否還能夠堅持及時補水。

除此之外，我們還要養成每天定時上廁所的習慣。這個習慣是非常重要的。即便是對蹣跚學步的小孩而言，養成這種習慣也是很容易的。小孩在尿急時，都會自動解決。在這方面，成人只不過是歲數較大而已。經常上廁所的習慣對人體的健康是極其重要的。有時，我們需要一點耐心才能做到，但這個過程不需要任何強制，經過一段時間的自我注意後，基本上都能養成習慣。對很多人來說，這麼簡單的事情竟然會影響到他們的健康，簡直不可思議。而那些在短時間內養成這些習慣的人，才會意識到這對他們的身體所產生的影響。我們在閱讀書籍或報刊時，很容易出現分神，諸如賈斯特菲爾德爵士在閱讀荷瑞斯的著作時，都會不經意聯想到古羅馬的喪葬女神利比蒂娜。我們的心智不應該長期遠離自己，而意志則給予我們釋放這種能力的機會。

事實上，腸道的肌肉都是由平滑肌組成的，屬於不隨意肌，指沒有意志參與就能夠活動的肌肉，即不隨意活動的肌肉。但經過觀察與實驗後，我們發現意志能對這些不隨意肌產生間接的影響。心臟的跳動雖然是完全自動且有規律的活動，但在相當程度上也受到情感與意志的影響。正如讓人鼓舞或讓人沮喪的話語，帶給人的影響是完全不同的。毋庸置疑的是，腸道的蠕動功能有時會受到意志所傳遞出來的正面影響而得到增強。

還有一點我們需要注意的是，很多人在腸道感到不適時幾乎都會覺得焦慮，其實這種情緒是需要克服的。在關於恐懼心理的那章裡，我們已經談過這個問題。在這裡，我們還需要說明一點，腸道排空若是延遲幾個小時或一天，通常不會明顯影響到我們身體的健康。很多時候，我們之所以感到腸道不適，更多的原因要歸咎於我們內心的焦慮對身體產生的影響。很多人的腸道功能經常會出現紊亂的情況，但第二天又恢復正常了。可見，先前所感受到的不適，並不是因為腸胃吸收了有害物質所導致的。誠然，在最近幾年，腸道自體中毒的觀點越來越流行，因為很多醫學研究者都已經意識到，正是腸道的自體中毒導致這種症狀的出現，從而指向了身體其他部位所出現的疾病。在很多情況下，這都與我們的神經性功能障礙及精神疾病相關，特別是跟人們對腸胃消化的過度焦慮心理有關。

希望腸道功能處於正常的狀態，我們就需要發揮意志能量去規範飲食習慣。多喝水，養成良好的生活習慣，消除內心的焦慮與不安，不要讓負面的情緒影響到腸道的蠕動。若是我們能養成正確的生活習慣，且持之以恆，上面所提到的問題幾乎都是可以解決的。

第十五章　腸胃功能與意志的關係

第十六章　意志與心臟的關係

我想做的事情，最後必然會有一個結果。

——《維洛納二紳士》（*The Two Gentlemen of Verona*）

第十六章　意志與心臟的關係

心臟可以說是生命的第一推動者，也是動物個體內第一個出現的內臟。當神經系統在胚胎裡發育之後，就開始有節奏地跳動。心臟這種自發性的活動似乎超越了意志控制的範圍。當然，就心臟這種持續活動的本質來說，意志是無能為力的。但心臟應該是身體所有器官組織中最容易受到情感影響的一個，也間接受到意志的影響。幾乎在每一種語言裡，我們都能夠找到許多表達方式去驗證這個事實。我們經常會說出一些讓人鼓舞或沮喪的話語，而這在撒克遜人的語言裡，幾乎與法語中的表達方式一致。當我們感到驚慌失措時，就會感覺到心跳似乎受到壓制。而當我們情緒高漲時，會覺得自己的身體處於健康積極的狀態，這一切都與充滿活力的精神連結在一起。當我們懷有飽滿的情緒時，就會發現自己做什麼事情都會變得容易許多。

心臟所處的諸多狀態都與我們的想法有關聯。當我們感到沮喪時，往往就是因為對心臟有過多的關注。如果發生的某些事情將我們的注意力都集中在心臟這個器官上，這個事實就說明心臟對我們的生命及身體健康具有多麼重要的作用。有時，我們恐慌的情緒也會讓心臟的跳動速度變快，從而讓我們注意到心臟所表現出來的症狀。心臟一開始表現的不良症狀，其實跟我們因胃部排出許多氣體而導致身體不適的感覺是非常接近的。如果我們吃得很飽，就會覺得胃部有點不適，這些都是相當正常的情況。不過，一旦我們對心臟的狀態產生某種恐懼的話，這種恐懼心理就會將我們整個人牢牢控制住。我們自身所有的主觀情緒都會轉移到心臟上，而沮喪的情緒也會進一步加劇心臟的負擔。

心悸常常都是在我們注意心臟跳動的過程中發生的。在某些關於情感抑制的例子中，心跳速率可能會比正常情況更快一點。但對很多經常抱怨自己心悸的人來說，都沒有發現心臟跳動速率出現改變的情況。其實，之所以會出現這種情形，基本上都是因為我們對心臟器官過度關注所導致的。很多人經常抱怨，也是造成這種情況的原因之一。

在治療這些症狀時，有一件事是很有必要的。我們沒有發現心臟存在任何機能性的障礙，病人必須喚醒自身的意志能量，從而將注意力從心臟轉移開來，再也不要過度關注心臟的情況，而將注意力投入到其他事物上。只有這樣做，不適感才會慢慢消失。因為這些人的心臟其實並沒有任何疾病，只是因為他們過度關注才造成的。當然，想做到這點也並不容易。當病人得知檢查結果一切正常，相信自己的心臟沒有任何問題時，一個與之前相反的習慣就會出現，幫助我們擺脫之前的問題。我們要牢記過度投入的專注行為，是造成很多身體不適的根源，而想克服這種習慣，我們只能憑藉與此相反的習慣去克服。因為心臟出現功能性不適或投入過度關注而引起身體不適的人實在太多，這著實讓人感到震驚。我們對心臟的過度關注經常會影響日常工作。當然，這種情況也說明我們是可以憑藉意志的能量而做得更好的，沒有比充分發揮意志能量更能讓我們獲得滿意的結果。有時，醫生會讓病人服用一些治療心臟病的藥物，當然這種所謂的藥物很可能是洋地黃，但盲目給病人服用藥物，只會向病人傳遞更多的負面暗示。除此之外，透過藥物去刺激心臟活動，有時會刺激自我意識，從而給我們帶來真正的傷害。

心臟的功能性障礙有時會達到一個最高峰，從而影響到我們的身體活動，有時則會以具有欺騙性的心絞痛形式出現。在這些情形下，病人不僅會抱怨他們所感受到的身體不適，而且還會對心臟部位的疼痛有所抱怨，因為這種真實的疼痛感有時是極為折磨人的。有時，這種疼痛會蔓延到左臂，在很多人看來，這都是心絞痛出現的重要訊號，但事實卻不是如此。有時，這種疼痛會出現在脖子左邊，有時則會出現在肩胛骨上，所以身體的其他部位疼痛並不能說明心臟出現太大的問題。當年輕人出現這些症狀時，特別是年輕女性，她們絕不會認為這是心絞痛造成的，不會認為這是心臟肌肉痙攣導致冠狀動脈收縮，減少血管對心臟的供血所造成的。因為這些情況大多只出現在老年人身上，年輕人一般是不會有這種疾病的，所以年輕人通常不會有這種擔憂。

真正的心絞痛所帶來的疼痛據說是人類有史以來最難以承受的折磨。通常來說，心絞痛患者在發病時都是躺在床上的，且他們不會在這個過程呼天搶地。心絞痛帶來的痛苦更多是呈現在他們的臉上，而不是透過聲音表達出來。誠然，英國的許多臨床醫生與心臟病專家都已經達成共識，即心絞痛出現的機率很低，很多時候，病人感受到的心臟疼痛都不屬於心絞痛。每當心臟部位出現疼痛，特別是年輕男性或女性，他們都會對此抱怨，但這些疼痛幾乎都不屬於心絞痛。即便他們的手臂也會感到疼痛，或是覺得痛得讓人生不如死，但那也不是心絞痛。儘管在過去，醫生通常將這些症狀歸咎於心絞痛。

治療心絞痛的療效在某種程度上取決於病人面對疾病的勇氣，因為病人想度過這個難關，必須要有足夠的勇氣去承受疼痛與面對疾病。精神層面的因素是很重要的，雖然使用硝酸鹽，尤其是亞硝酸戊酯在緩解心絞痛方面很有效。而對那些症狀跟心絞痛類似，但本質上又有所不同的疾病，病人的意志就會扮演最重要的角色。有時，我們的心肌會受到刺激，但主要是因為我們內心的恐懼把這種疼痛的程度誇大了。將過多的專注力都集中在心臟部位，會讓我們覺得病情似乎真的很嚴重。此時，最重要的一件事就是幫助病人從焦慮的情緒中解脫出來，讓他們能夠以正確的態度去看待心臟問題，壓制內心過度的不良情感，將專注力轉移到其他事情之上。有時，我們需要充分發揮意志的能量才能改變個人的生活習慣，為心臟提供充足的營養。通常來說，這些病人都是體重偏低之人，而且他們經常待在室內，缺乏足夠的身體鍛鍊，還養成了許多不良的生活習慣，這些都是需要發揮意志能量去進行改正的。良好的飲食與鍛鍊習慣對緩解這些疼痛都是極為重要的。

對於功能性心臟疾病的康復，養成到戶外鍛鍊的習慣是很有必要的。因為室外清新的空氣與體育鍛鍊都可以對心肌進行某些程度的刺激，從而帶來正面的效果。通常來說，當病人的心臟出現某些疾病時，他們都會傾向於認為這是一個信號，即他們必須獲得充足的休息，避免參加體育鍛鍊，從而防止心跳過快。休息是有必要的，但如果過度休養的話，反而會給心臟帶來負面影響，因為心臟與肌肉一樣，都需要一定程度的鍛鍊才能保持良好的狀態。心臟病治療發展的里程碑就是瑙海母療法的出現。按照這種療法，體育鍛鍊是非常重要的。鍛鍊的過程必須講究循序漸進，但一定要記住，在過程中應當要有一個明確的目標，對心肌進行有計劃、有步驟的鍛鍊。瑙海母坐落於一個山谷中，有人會帶著病人步行一段距離，然後就會看到一個路標，指示還要走約四分之一公里的路才能到達目的地。當病人精神飽滿時，他們就會沿一個斜坡向上攀登，而回家的路始終是下坡。這種治療方法能幫助病人擺脫過度緊繃的精神狀態。

瑙海母療法為病人帶來極為良好的體驗，於是很多醫生也開始讓病人接受這樣的治療，最後都發現這種療法可以帶來極佳的效果。如果這種療法真的對心臟的機能性狀態有所幫助的話，那麼對於神經性心臟功能障礙的病人來說，就更有價值了。雖然這通常需要病人充分發揮其意志能量，努力控制情緒，進行充分的鍛鍊。對男性患者來說，他們通常會發現心臟部位出現不適的感覺，特別是肌肉有疫痛感。而那些身體結實，根本沒有任何心臟問題的人則是因為缺乏體育鍛鍊而導致身體不適。尤其是對那些在年輕時經常參加體育鍛鍊，之後卻過著懶散生活的人來說，這種情況更加普遍與突出。那些在大學時期參加體育運動隊的運動員，或是那些經常參加體力勞動的工作者，在他們年輕時，身體沒有任何問題，而一旦改變了生活習慣，習慣不去運動後，他們就會經常感到身體不適。即便是那些從農村到都市生活的人，他們也經常會因為環境及工作等方面的改變，而感到身體不適。對於這些人所感到的不適，最好的治療方法就是讓他們到戶外參加鍛鍊，因為這能喚醒他們的意志能量，幫助他們建立良好的行為習慣。

當那些之前做過運動員的人想要安定下來，過舒適自在的生活時，他們幾乎都會感覺到心臟出現一些不適。有時，醫生說這些不適感並不是因為他們當年運動過度所導致的，但這個理由並不能說服他們。在少數的一些例子中，我們會發現一些運動員的確會因當年運動過度而留下一些疾病。但絕大多數情況，造成他們感到不適的根本原因，就是他們的心臟需要獲得鍛鍊。在很多功能性疾病的病例中，如神經性消化不良，就是心臟與胃都缺乏足夠的鍛鍊所造成的。要是我們能夠在日常生活中加強身體鍛鍊，而不是三天打魚兩天晒網，將非常有利於我們的身體健康，從而給我們的身體帶來正面的影響，也能恢復病人對於治療效果的信心。在戰爭期間，我們發現年輕軍官患有炮彈休克症的比例遠高於普通士兵。很多接受過大學教育的人可能會患有心搏過速。如果他們能找到其中的原因，也就不會對心臟過度關注了。這類精神狀態通常只能憑藉意志的能量與轉移注意力才能夠達成。

心臟過早搏動的人會因為心臟出現這種狀況而無比煩惱。缺乏規律的心臟活動（過早搏動、心房顫動、心律不整等），這些都可以稱為心臟活動不正常，最後可能證明是比較嚴重的疾病。但是，在心臟表現出的諸多不正常情況中，心律不整是最常見的一種。不過，心律不整通常不會造成很嚴重的後果。我認識兩位醫生，他們在上大學時都是運動員，在二十幾歲時都出現過心律不整的情況。其中，心律不整在其中一位醫生身上持續了長達三十五年的時間，但這位醫生依然充滿活力，心臟功能也一直正常，每天都能走樓梯，絲毫不會感覺疲倦。二十幾年前，當他想購買保期長達二十年的保險時，保險員甚至對此猶豫不決，因為覺得他心律不整很容易會英年早逝。在他接受了三名醫生的診斷後，保險公司最後還是同意了。而他現在已經超過二十年的保期了，身體依舊很好，雖然現在還是會出現心律不整的情況。

這類病例中，多數病例都是因為我們對心臟部位過度關注而導致身體不適。很多人都對自己在出現病症後，是否還能活很長時間表示擔心。有時心律不整並不能代表他們的心臟出現了嚴重的問題。特別是對年輕的病人而言，他們在意識到自己心律不整後，都會很認真地對待這件事。在此，我需要講一個故事：一所美國大學的一名行政人員在他不到四十歲時，發現自己患有心律不整，當時他認為自己的病情非常嚴重。但是，他此後又活了五十幾年，得享高壽，九十多歲才撒手人寰。當然，病人對心臟疾病表示關切是很正常的，但也沒有必要過度焦慮，因為大多數心臟疾病不會給生命造成嚴重影響。面對身體出現的不適，我們應該充分發揮意志的能量，這將會帶給我們精神層面的鼓舞，讓我們能拋開所有精神壓力，對心臟有更深入的了解，避免自己的心理與行為受到不必要的影響。我見過一位心律不整的病人，他享壽八十幾歲，也有幾位病人活過九十歲，而這些病人第一次發現自己心律不整時，也不過三十幾歲而已。

人們給心臟過度關注，反而會影響到心臟的正常運轉。關於意志能量可以影響心臟活動的例子，其實還有很多。毋庸置疑的是，我們的焦慮情感會加速或減緩心律。當一名病人認為自己的心臟出現了某些問題時，他的心跳速度必然會比之前快上許多。即便他的心臟可能一點問題都沒有，但這種焦慮情緒依然會帶來心律不整。心律加速或減緩多數是由內心的焦慮情緒導致的，在這個過程中，我們很少發現心臟功能出現異常。通常情況下，我們應不去過度關注心律，因為最好的辦法就是耐心等待，直到病人的心跳頻率恢復到合理範圍之內。

因此，我們不難發現意志的能量在治療心臟疾病方面所產生的作用。勇氣在防止心臟受到任何不良影響、保持其處於良好狀態等方面都扮演著極為重要的角色。正是勇氣讓我們的心臟活動始終處於可控狀態。各種類型的恐懼心理都會對心臟活動造成負面影響，從而影響到其正常運作。很多人的心臟就是因為服用了各種藥物而受到損害的。我們只有喚醒病人的意志能量，控制他們內心的焦慮、不安及恐懼，才可能好好防止這些不良因素對心臟造成的影響。當我們在吃飯、鍛鍊或做其他事情時，若能充分運用意志的能量，帶給我們的好處是很難用言語表達的。即便我們患有某種無法治癒的疾病，發揮意志的能量也可以改善我們的生存品質，延長我們的生命。

第十七章　意志與所謂的慢性風溼病的關係

我應該更加從容地去做事，因為我的意志要求我這樣做。

——《暴風雨》（*The Tempest*）

第十七章　意志與所謂的慢性風溼病的關係

在很多人看來，風溼病是常見的疾病。當醫生詢問病人的病情時，尤其是詢問一位年過四十的病人時，他會這樣問：「你是不是患有風溼病呢？」而病人的回答幾乎都是肯定的。若我們對病人的病情進行深入的了解，通常會發現病人的關節部位出現了疼痛的症狀，或是肌肉出現痠痛。身體出現的這些不適都與潮溼的天氣連結在一起。慢性風溼病其實包括了絕大多數關節疼痛方面的疾病。真正意義上的風溼病，其實是關節部位出現劇烈的疼痛。當然，這種疾病形成的過程是有規律的，一般來說病人會出現身體發熱的情況，而這種情況通常會持續十天到十週，病人必須臥床一個月甚至更長的時間。在這些疾病出現時，我們通常都能發現各種症狀之間存有關聯，正如加倫診斷法的經典四部曲：發炎、腫脹、紅腫、發熱疼痛。從廣義上來說，這些症狀都可以被歸納到風溼病的範疇。要是醫生詢問相關患者是否出現這些症狀時，病人通常都會給予否定的回答，但關於風溼病症狀的觀點到現在依然還在醫學界流傳。

事實上，身體出現的許多疼痛都與肌肉有關，而這種疼痛更容易出現在關節部位。現代醫學依然沒能對此做出合理解釋，而將其統稱為慢性風溼病。在即將下雨的潮溼日子裡，病人會感到關節疼痛，這些症狀都被歸入風溼病的範疇。至於關節錯位、扭傷、歪曲或骨頭斷裂，甚至肌肉出現的各種狀況，包括扁平足或其他關節變形，只要是身體的關節出現任何疼痛，全部都會被歸入慢性風溼病的範疇。特別是對老年人來說，風溼病可能會造成他們行動不便，甚至會讓他們失去行走能力。很多病人在晚上睡覺時感到肢體疼痛，第二天醒來時，更是覺得疼痛難耐，因為這種疼痛感會喚醒他們內心的恐懼，害怕自己會癱瘓。

誠然，這些持續重複出現的嚴重症狀大多是恐懼心理造成的。這些病人應該消除內心的恐懼，不要擔心這種疾病最後會讓自己臥病在床。在一些所謂的風溼病當中，也有會給病人的關節帶來嚴重影響，最後可能導致癱瘓的，而且這種癱瘓是無法治癒的。這些疾病通常都被稱為慢性風溼病，而我們對這種疾病的恐懼心理，讓我們感到無比痛苦。如果這些疾病所帶來的影響越來越嚴重的話，病人就會為可能癱瘓在床而憂心不已，根本看不到任何治癒的希望。所以，有人曾經說，風溼性關節炎這種疾病其實與風溼病根本沒有任何關係，只是代表著某種給病人帶來巨大痛苦的疾病而已，絕不是任何類型的風溼病所帶來的後遺症。幸運的是，風溼性關節炎的發病率是非常低的。因此，不要過於恐慌，應以更加積極的態度去面對疾病。

慢性風溼病所引起的身體疼痛似乎是意志能量所無力扭轉的。因為這些疾病至少意味著身體結構出現了某些器質性病變，這種慢性的改變是很不明顯的，除非體內出現明顯的好轉情況，任何外在的影響都難以產生作用。除此之外，風溼病發病率相當高，所以任何對意志能量有所質疑的人都應該能對此加以控制，這樣至少能緩解一下病情。絕大多數患者都會發現，他們需要靠自己的努力去控制病情。很多人會說，要是意志能量能幫助病人擺脫疾病，或是減輕他們的疼痛的話，那麼在下雨天時，他們就不會感到過於疼痛了。一般來說，風溼病所造成的這種痛感是不可能依靠發揮意志能量、藥物或是精神治療來緩解的，病人必須要靠自己去緩解病情。

現在，我們明白了意志能量的主要作用就是幫助病人緩解病情，並且幫助他們重樹信心，不要再去想這些疾病可能會讓自己下半生癱瘓的事情。不少患有風溼病的病人都秉持著良好的心態，始終與這種疾病進行鬥爭，最後都獲得了良好的結果。我們已經擁有了多種治療風溼病的「良方」，其中包括化學療法、電療法、生理療法、水療法及運動療法等，在接受這些治療後，病人的病情都得到了極大的緩解。不少江湖遊醫之所以擁有成功治療風溼病的名聲，往往都是因為他們所治好的疼痛並不是真的由風溼病引起的。對很多窮人來說，這個疾病是難以治癒的，無論接受多少治療，最後還是無法擺脫。正如一位年老的法國醫生所說的：「拿治療上一代人的藥物去治療下一代人，這是無比荒唐的事情。」他這句話就很好地闡述了這個觀點。這些例子都能清楚地說明一個事實，那就是人類所感受到的疼痛在很大程度上都是可以用意志去加以控制的。

要是有更多的人對所謂的慢性風溼病進行研究，就會有更多人明白為什麼這種疾病會吸引那麼多江湖郎中或騙子的目光，讓他們從病人口袋裡撈取那麼多錢。雖然這些所謂的醫生也一本正經地幫病人開出藥方，但他們所做的不過是喚醒病人的意志能量，讓他們堅定對自己的信心，相信他是一位好醫生，最終必然能將他的病治好。類似這樣的例子，在歷史上並不少見。很多騙子都是透過吹噓某種治療良方來騙取患者的金錢，其實他們所說的良方根本就沒有任何療效。要是人們能夠認真閱讀一下有關這方面的歷史資料，就會發現很多江湖騙子都是這方面的高手。想從這些基本事實中得到更深層次的結論，就需要了解這些所謂被治癒的病人是怎樣被騙子治好的。

證明人類容易輕信他人最好的例子就是格雷特雷克斯的故事了。這位愛爾蘭冒險家之前曾在弗蘭德服役。退伍之後，他就想辦法成為一名醫生。克倫威爾（Oliver Cromwell）成為英國的護國公後，就不允許國王像以前那樣去觸摸病人，從而治療病人的某種疾病行為。格雷特雷斯克從中看到了絕佳的機會。因為克倫威爾雖然不允許國王這樣做，卻沒有不允許其他人這樣做，也沒有從根本上否認「國王觸摸」的療效。所以，他抓住了時機，宣稱自己連續三個晚上得到上帝的托夢，說自己能在國王不被允許這樣做時，承擔起觸摸病人並幫助他們痊癒的任務。

大多數人都認為這完全是無稽之談，不過是他在自吹自擂而已，也不會有人上當。然而，每個這樣想的人其實都還不夠了解人性。沒過多久，就有一些人前來詢問，格雷特雷克斯就開始了他的觸摸療法。很多病人覺得，反正自己對治癒身上的疾病已經不抱希望了，嘗試一下，就算沒有大的好轉，至少也不會造成嚴重的傷害。之後，出人意料的事情發生了，不少被他觸摸過的病人都說自己的病情有好轉。沒過多久，格雷特雷克斯就成功營造出自己彷彿是上帝派來幫助人們治病的高手形象，而他的雙手似乎具有神奇的魔力。除此之外，之前長年忍受疾病困擾的病人都紛紛來找他看病，因為這些病人之前已經嘗試過許多藥物，但最終都沒有什麼成效，所以他們抱著最後一試的態度前往詢問。越來越多的病人前往他的診所看病。格雷特雷克斯的名聲越來越大，甚至有不少病人跋山涉水地跑過來，就是希望能得到他的治療。

其實，格雷特雷克斯所做的事就是詢問病人哪裡感到疼痛，然後他就用自己的手輕輕按一下那個部位，接著向病人保證，病人的這個部位已經擁有了全新的神奇能量，因為他這雙手的能量是源於上帝，所以他們必然會很快就好起來。當然，他在向病人解釋的過程中，肯定會說這個過程是緩慢的，而從現在開始，病人的病情就開始好轉了。按照他的說法，他的這一按是整個治療過程中最重要的一個環節，所以歷史上有人將其稱為「格雷特雷克斯的一按」。據說，之前很多接受過國王觸摸的王公貴族都會送一塊金幣給國王表示感恩。格雷特雷克斯也對病人做出了這樣的要求。當他蒐集病人送來的金幣後，再將這些金幣熔掉，變成完全屬於自己的金子。這是很多江湖騙子慣用的手法。

在美國，類似的情況也不時出現，雖然我們很多做法都是基於迷信，而不是宗教。賈法尼在實驗過程中發現，如果青蛙的神經與肌肉受到刺激，牠們的四肢就會出現抖動。這個實驗引起了以利沙．帕金斯的注意。之後，他發明了一個類似牽引裝置的器械，將賈法尼的發現應用於治療疾病。這個器械是由四到五英寸長的金屬組成的，形似鉛筆，金屬的頂端是尖的。正如美國早期研究醫學的歷史學家薩爾切所說的，帕金斯的這一套裝置成功治療了病人幾乎所有的病痛，特別是在治療那些常年忍受身體痛苦的人時，效果極為突出。帕金斯自稱該療法在治療「頭部、臉部、牙齒、胸部、胃部、後背的疼痛、風溼病及其他疾病」方面都具有神奇的療效。簡言之，他號稱能治療所有與疼痛相關的疾病，尤其是老年病。他的療法在當時轟動一時。但若是我們回過頭來看的話，這其實就是徹徹底底的謊言，完全是他為撈錢而設計出來的無恥騙局。

在很長的一段時間裡，他的所謂成功療法被人們認為是因為他使用了某種電流。不少關於醫學方面的小冊子都在講述動物磁場及動物身上是具有生物電的，也就是說這一切都是電流在產生作用。美國至少有三所大學的教授可以證明，其實帕金斯這種療法證實了電流在治療疾病方面確實有效。當然，時間已經證明，電流在治療疾病方面根本沒有任何效果。要說真有什麼效用的話，我們只能說這種治療方法直接作用在病人的心裡，導致他們產生正面樂觀的想法，從而在某種程度上緩解了他們的病情。以利沙・帕金斯在耶魯大學接受過教育，或許這讓他具有常人無法企及的生理學與心理學造詣。他成功地給病人灌輸一種觀念，那就是他們經過這樣的治療後，必然會痊癒。可能正是他的這種心理暗示，幫助病人戰勝了內心的恐懼，給他們帶來希望，增加了他們的食慾，讓他們願意為了痊癒的目標進行鍛鍊。在這個過程中，他們始終保持著旺盛的鬥志，最後病人多數都痊癒了。

在十九世紀中期，動物擁有磁場還是一個我們根本無法用實驗方法證實的理論，但是有很多醫生說他們能運用這種磁場來幫助病人擺脫慢性疾病所帶來的疼痛。這些醫生所使用的方法，被後世稱為催眠術。想催眠病人，他們就需要使用某種原本適用於手術的麻醉藥。當發現乙醚能讓病人在手術過程中處於昏迷狀態後，並沒有引起太多關注，因為很多英國醫生都醉心於使用催眠的方式來治療疾病。不少醫生相信，使用乙醚是沒有必要的。當然也有一部分人認為乙醚的功效不過是某些人胡亂吹噓的。

在帕金斯宣稱自己的方法具有治療效果後，梅斯梅爾這位江湖遊醫也開始被醫學界與巴黎民眾所關注。當然，這些事情都是在二十多年前出現的。梅斯梅爾的治療方法是這樣的：他讓病人坐在一個澡盆裡，盆中有多個裝著金屬物質的瓶子，每個瓶子都連接著電線，電線的一端連接到病人的手上，圍成一個圓圈。梅斯梅爾將這套裝置稱為電池。當時，很多人都認為這是一套具有神奇治療功效的電學裝置。很多接受過這套裝置治療的病人都發現，他們持續了多年的慢性疾病或疼痛感都消失了。很多著名人士紛紛向政府施壓，要求對這套裝置進行科學論證，最後政府不得不要求法國科學家對梅斯梅爾的這套裝置進行研究，當時美國駐巴黎大使班傑明．富蘭克林（Benjamin Franklin）也參與其中。這些科學家最後宣稱，這套裝置根本就沒有產生任何電流或任何物理性的能量。調查結果出來後，梅斯梅爾就被政府禁止使用這套裝置，當然這個過程中還涉及許多醜聞，因為很多病人之前都認為他是個大善人。

十九世紀末期，催眠術再次興起，而這次興起的背景正是催眠術對治療風溼病所具有的功效，引起了科學界的關注。南錫大學的伯漢教授之前在有關治療病人腰痛的研究中努力了多年，始終沒有突破性進展。一位患者在他這裡接受了一段時間的治療後，沒有顯著效果，隨後離開了一段時期，當伯漢再次見到這位患者時，他的病已經痊癒了。伯漢非常想知道其中的原因。這位患者告訴他，自己是在接受利伯特的催眠術治療後痊癒的。這件事情讓伯漢開始研究利伯特的催眠方法，最後改變了對這種治療手法的看法。南錫大學對催眠術的研究最終引起了沙爾克的注意。之後，催眠術就越來越受到公眾的關注。當然，這都是三十多年前的事情了。還有很多難治的疾病，諸如腰痛與坐骨神經痛，都是可以透過催眠的方式來治療的，而之前，這些病人在嘗試其他方法時，療效都不理想。

還有所謂的慢性風溼病給病人身體關節造成的疼痛，最後竟然被十八世紀維也納的一位天文學家——神父馬克西米蘭．霍爾治好了。霍爾的治療方法非常簡單，他在治療過程中會使用一塊磁石，然後觀察最後的結果。因為他覺得磁石必然能給身體帶來某些物理性的影響，雖然這從根本上來說是沒有任何作用的。之後，他的研究工作被法勒爾．戈斯內爾接手，後者在使用了一段時間的磁石之後，發現磁石毫無療效，只要病人每天進行祈禱，或是透過其他宗教方式讓自己恢復平靜的心態，且相信自己最後必能痊癒的話，他們最終幾乎都能康復。接著，他要求病人忍著疼痛，積極鍛鍊身體並堅持一段時間，最後發現病人的疼痛在一段時間後就消失了。教會禁止他繼續這麼做，因為他所宣揚的觀點，等於是宣稱疼痛源於邪惡能量依附於人體，只有信奉上帝才能將邪惡能量趕走。這樣的思想在十八世紀時並不受歡迎。道伊的治療方法類似於這種療法，而經他治療的病人多數能扔掉拐杖，重新正常走路。

可見，很多所謂的慢性風溼病其實都是因為病人內心的恐懼所造成的，這種恐懼的心理導致他們不敢以適當的方式運動肌肉，從而進一步加劇了他們所感受到的疼痛。有時，肌肉的拉傷或脫臼都不會引起病人這麼大的恐懼心理。還有一點也很重要，那就是病人在感受到這種疼痛之後，他們不敢再像之前那樣鍛鍊該部位的肌肉，從而造成這一部位的肌肉更加敏感與疼痛。對人們來說，養成一種壞習慣是相當容易的，但想消除這種壞習慣則相當困難，因為他們缺乏足夠的意志能量去承受這期間所帶來的痛苦。只要他們像以往那樣鍛鍊這些肌肉，痛感就會漸漸消失。想要擁有發達肌肉的年輕運動員都明白一個道理，他們必須經歷過運動後的肌肉痠痛，才可能練就發達的肌肉，有時為了達到目標，他們甚至要忍受常人所難以忍受的痛苦。不過與很多風溼病患者不同的是，這些運動員在忍受這些痛苦時，沒有呼天搶地，而是默默承受。當他們習慣於某種高強度的訓練後，幾乎就不會感到任何疼痛了。

對老年人來說，他們長時間沒有運動後，就會發現自己的手腳很不俐落，而且經常會感到肌肉疼痛。此時，再讓他們透過運動來恢復之前正常的狀態，幾乎是不可能的事情了，因為他們已經讓肌肉處於不正常的狀態。最後導致的結果是，他們的肌肉組織變得格外敏感，一旦到了下雨天或遇到潮溼的天氣就會疼痛難忍。只有當這些病人充分發揮自身的意志能量，才有可能扭轉這種不正常的狀態，重新恢復正常，否則他們永遠都不可能痊癒。十八世紀時，很多醫生使用磁石，帕金斯使用金屬牽引，此後流行的催眠術，乃至所謂的動物磁場原理，最後到道伊宣稱的治療方法，其實就其本身的理論而言，都是毫無科學依據與不可取的，但這些療法之所以產生作用，就是因為他們為病人提供了精神層面的動力，讓他們相信自己最終能夠康復。因此，很多江湖遊醫就是靠這種方式，神奇地治好了許多長年不癒的病人。

我們在關於治療肺結核的那一章裡曾提到英國的江湖遊醫約翰．隆格，此人後來也在治療慢性風溼病與老年慢性病等方面很有口碑。在治療肺結核及慢性疾病時，他總是備受人們的推崇，而他也從病人身上撈取了大量的金錢。在治療肺結核時，他想出了透過呼吸來治療的方法，而在治療慢性疾病時，他則是採取塗抹藥劑的方式進行治療。他所使用的這種塗抹藥劑非常有名，在那個時代幾乎所有病人都會用這種藥劑來緩解疼痛。很多人就是透過這種方式痊癒的，其中許多還是達官貴族，包括公爵與社會名流。

最後議會通過議案，要求隆格為救治更多的患者而公布配方。當然，我覺得英國政府一定為此支付了一大筆錢。最後，他的這種塗抹藥劑的藥方被收錄進藥典中。根據隆格提供的藥方，這種塗抹藥劑只是由非常普通的松脂及蛋清組成，而沒有人們所企盼的神祕藥物。當這個祕方被公開後，這種藥物的神奇療效馬上大打折扣。因為很多人，尤其是身分尊貴之人，都認為這種普通的藥物是不可能把疾病治好的。有人甚至指責隆格公布的藥方根本就是假的，但這種指責毫無根據。其實，隆格之前治療病人所用的塗抹藥劑之所以有效，是因為他的名氣很大，讓很多病人都相信這種藥物真的具有神奇功效，再加上他要求病人充分發揮自身意志的能量，要他們去做一些之前從來不敢做的事情，最後才獲得良好的治療效果。很多具有治療功效的藥物其實都是對我們的心理產生作用，而不是對肉體發揮功效，激發出身體的免疫力，最後獲得痊癒。當時，很多病人都將隆格稱為聖人，但事實上他根本就不是聖人，而只是江湖騙子，但他卻成功地激發了病人的意志能量。現代醫學所使用的油脂或塗抹藥劑其實都只能產生緩解疼痛的作用。這些藥物只是扮演了安慰劑的角色，激發了病人們的內在潛能，使疾病得以緩解，甚至康復。

第十七章　意志與所謂的慢性風溼病的關係

第十八章　精神官能症

你看，我不想做的事情，必然是做不到的。

——《一報還一報》（*Measure for measure*）

精神官能症也叫神經症，一組精神障礙的總稱，包括神經衰弱、強迫症、焦慮症、恐懼症、身體臆形症（身體畸形性疾患）等等，患者深感痛苦且妨礙心理功能或社會功能。

精神官能症是指精神能量出現扭曲，出現精神障礙，導致我們無法以正常的方式提供與傳送神經衝動，從而影響到神經的正常活動。這種疾病已經在醫學界受到越來越多的重視。之前的戰爭就充分說明了這一現象。總而言之，精神官能症會以一種歇斯底里的症狀呈現出來，所以有些人可能會認為只有參加過戰爭的少數士兵才會罹患這種疾病，其實不是這樣的。在此之前，那些生理上沒有受過傷害的士兵，會被認為保持著正常的心態。在很多人看來，精神病學家似乎在這場戰爭中並沒有扮演重要的角色，他們只是負責治療那些大腦部位受損的士兵。當然，軍醫也想不到精神病學家會在這場戰爭中扮演著僅次於外科手術醫生的重要角色。可見，精神官能症已經成為一種不容忽視的疾病。

讓人感到意外的是，從戰爭爆發之初到現在，已經有上千個精神官能症患者。很多人會將這種症狀稱為「炮彈休克」，症狀有各種形式的歇斯底里，還有緘默症、頭痛、憂鬱、心臟部位疼痛、全身麻痺、肌肉攣縮、害怕黑暗、害怕死亡與巨大聲響等。英法聯軍的後方野戰醫院約有五萬張病床，其中大部分都是為患有精神官能症的士兵準備的，因為戰爭造成了士兵們多種神經功能障礙。在戰爭前期，將近三分之一的英國士兵因為精神方面遭到戰爭創傷而離開了戰場，這還不包括因為身體受傷而回到後方的士兵。這種精神官能症特別容易出現在那些接受過良好教育的士兵身上，這類士兵得病機率高於普通士兵三倍以上。戰爭所引起的精神疾病在男性身上最為常見。當然，負責治療的護士也有可能罹患這種精神疾病，但數量遠不及男性。

在治療大量精神官能症患者的過程中，醫學界累積了許多有價值的治療經驗。有人發現，心理暗示對該病的治療有顯著功效。如果病人被安置在普通醫院，他們就會經常談論自己在戰場上的遭遇，還會談到戰場是多麼的慘烈，這樣只會讓他們的病情變得更加糟糕。他們喜歡躺在病床上談論自己的經歷，並喜歡誇大事實。他們不斷重複自己從其他士兵口中所聽到的事，繼而認為這些事情就發生在他們身上。這種自我暗示只會讓他們處於更加糟糕的境地。畢竟，這只是大家都相當熟悉的謊言癖，這種癖好與歇斯底里是有關聯的，在很多時候也可以被稱為病原性自我欺騙，或坦率的歇斯底里謊言症。要是這些病人經常接受醫生的檢查，他們的症狀就會變得越來越多樣化，最後導致他們表現出更多的外在症狀。

簡言之，醫學研究已經發現了一點，那就是他們的心理狀況是最大的不良因素。戰場上一開始所感受到的震驚或嚴苛的考驗，都會讓他們的自我控制能力失衡，而各種類型的心理暗示只會讓他們所面臨的情況更加糟糕。要是他們只關注自己或他人糟糕的處境，他們的內心就會更加失衡。皮爾斯．巴里醫生曾有機會作為美國神經研究部的主管參觀了英法聯軍的戰地醫院，對戰爭所造成的精神障礙進行了認真的觀察。他指出，戰爭所帶來的這些醫學經驗充分證明了巴賓斯基關於歇斯底里症（hysteria）的描述。歇斯底里症與精神官能症兩者有關聯也有區別。兩者都屬於精神障礙的範疇，歇斯底里症主要源於內心世界的問題，症狀表現為精神上的異常；而精神官能症主要與外界影響有關，還伴隨各類身體不適。法國著名的神經學家巴賓斯基指出，歇斯底里症最典型的例子就是各種源於醫學檢查，或錯誤運用的各類療法所帶來的心理暗示。在這方面，他的觀點與沙爾克是完全不同的。巴賓斯基還指出，正是因為歇斯底里症患者以錯誤的方式引導注意力，從而讓更多人出現嚴重的歇斯底里症。這種症狀之前在法國的診所是經常可見的，但現在幾乎都已消失不見了。從「歇斯底里」這個詞語本身來看，沒有包含真正有意義的病因、病理描述，而只是說明了這種病症的常見症狀。這些醫生發現病人會對自己表現出來的某些症狀感到滿意，且一直想要將自己的專注力都集中在外在症狀上。

想成功地治療戰爭所引起的精神官能症，就需要充分發揮意志的能量，而不能只是依靠心理勸導。只要在精密的身體檢查中沒有發現病人身上出現任何形式的機能障礙，病人就會明白自己的病情其實沒有那麼嚴重，從而消除內心的恐懼。在戰爭的開始階段，這些病人就會出現令人焦慮的症狀，他們認為最糟糕的情況一定會出現在自己身上。而經過檢查發現沒事後，他們又會覺得只要主治醫生給他們一定的時間，他們很快就會好起來。這幾乎就是他們內心所提出的訴求，其實代表著治療結果給他們傳遞出來的心理暗示。

還有兩個因素：再教育與個人自律。一旦病人堅信自己能夠痊癒，他們就會明白自己的康復是永久的。所謂的「再教育」，就是幫助病人克服之前養成的一些不良習慣，幫他們重新恢復自信。而自律則是要讓他們努力摒棄那些影響神經抵抗力的因素，不斷給自己灌輸必然能夠康復的思想。在面對緘默症或雙耳失聰等症狀時，病人會被告知電擊療法可以治好他們。只要電極一通電，他們就能夠感受到電流，在經過治療後，他們的語言與聽覺都會恢復，當然他們的感知能力也會恢復正常。同樣的辦法也可以運用到雙目短暫失明或是其他知覺出現功能障礙的病人身上。治療全身麻痺也可以採用類似的方法，雖然在治療過程中，病人會感到更加強烈的全身震顫。運用這種治療方法幫助病人其實是最好的辦法，因為除非病人自己感覺到需要恢復到最佳狀態，否則在這些症狀重新出現時，他們就不會覺得這是自己的問題。（電擊療法的應用與療效遠沒有作者說的那麼理想，這是作者當時所處時代的局限性。）

成功治療這些因戰爭而引起精神官能症患者的過程中，最有趣的就是這位法國醫生完全依賴於那種被他稱為「暗中破壞」的治療手法。所謂的「暗中破壞」，就是指唐突地運用法拉第電流去讓歇斯底里症患者產生極大的生理痛苦，直到病人暫時失聰的耳朵恢復聽覺，讓他們的緘默症消失，或是讓那些自認沒有能力活動身體的人自由地運動。這些方法都證明是相當有效的，需要的時間也很短暫，只要醫護人員在場確保病人接受這樣的治療就可以，之後病人的症狀就會得到緩解。基本上一次治療就足夠了。治療所使用的器械也相當簡單，只需要一個電力供應裝置，以及較長的電線，確保病人不會因為治療過程中出現的痛苦而奮力掙扎，從而保證治療得以順暢進行。

簡言之，那些始終對自己保有錯誤心態的人都是可以治好的，當然他們表現出這種態度也不是經過深思熟慮的，更不是裝病以逃避自身的責任，而是因為他們已經做好了放棄的準備。這種給他們帶來某種程度痛苦的治療方法，可以讓他們擺脫之前那種錯誤的想法，從而讓他們獲得某種身心層面的釋放。換言之，所謂的「暗中破壞」，就是指

「讓軍醫給病人造成足夠的痛苦，從而讓病人放棄他們原先的思維方式」的治療方法。一般來說，這種治療方法讓病人有某種程度的身體痛苦是有必要的，因為只有這樣才能證明患者是否擁有足夠的意志能量去忍受痛苦。而病人一般都撐不了多久就會選擇放棄。顯然，這種方法本身是很有效的，特別是對那些之前嘗試過其他方法但都效果不理想的病人。

這讓我想起以前一種治療歇斯底里病人的流行方法，當然這種方法在我們這個時代已經沒有了，因為我們認為這種方法是毫無道理的。不過，就在六十七年前，這種方法還是非常常見的。這個方法就是透過喚醒年輕女性的意志能量，從而幫助她們擺脫歇斯底里症。這種治療方法就是，當病人在遭受歇斯底里症侵襲時，其他人會拿一盆冷水澆在她的頭上。湯瑪斯·摩爾爵士(Sir Thomas More)曾談到這樣的經歷。他曾看過許多精神疾病患者所遭受的痛苦——任何精神病學家都會坦承這一點，即某些歇斯底里症患者的身上必然存在某種魔鬼，而想將這些魔鬼驅除，就只有透過鞭打的方式去完成。一些經常抱怨自己沒有能力走路或是工作的人，很容易成為親人或社會的負擔，這些人往往都是在接受這種鞭打的儀式後恢復正常。對現代人來說，這種治療方式似乎太不人道。現在，我們轉而透過懲罰的方式去治療那些戰爭引起的精神疾病，也就是說，透過給病人造成極為強烈的痛苦，從而完成對病人的治療。從本質上來說，這些都是類似的。

很多患有精神疾病或精神官能症的病人，特別是那些患有歇斯底里症的病人，他們在很多時候都聽不到別人說什麼，也不會走路或說話，這說明了他們與很多生活在文明世界中的病人是類似的。他們的朋友也會說他們這樣的確沒有工作的能力，不過治療他們的醫生則明白，那就是造成他們這種狀態的根源。是他們沒有充分發揮意志的能量。現在，既然戰爭中出現了嚴重的傷亡，很多醫生都允許採用這些看起來比較極端的治療方式，強迫病人發揮他們的意志能量。而一旦病人恢復了自身的意志能量，他們的痊癒也就為期不遠了。

當然，強制性的治療方法並不意味是一種懲罰，相反，這始終都是一種治療方式。雖然這個治療過程會給病人帶來巨大的痛苦，但這對於治療疾病來說是很有必要的。病人可能會反感這種懲罰式的治療方法，覺得自己非常可憐，然後就想辦法尋求他人的憐憫與同情。病人這種行為會影響治療的有效性。顯然，許多患有歇斯底里症的病人是因為自身心理暗示而發病的。所以，病人想要康復，就必須重新恢復對自身的控制。要是病人能做到這一點，治療精神官能症的成功率就會提升很多。最重要的是，意志的作用會得到人們的認可，病人再也不需要得到他人的憐憫了。

這位法國醫生所採用的療法還有另外一個特徵，那就是患有精神疾病的病人應該被隔離，而且這種隔離應該是徹底的。這位醫生發現，要是讓這些患有精神疾病的病人與其他病人進行交流，那麼他們就有機會傾訴內心的苦惱，這只會給他們帶來傷害，只會讓他們的精神狀況更為惡劣。基於這種考量，精神疾病患者理應被隔離。不僅如此，精神病人也不應參與各種轉移注意力的活動。他們應該被關在一個房間裡，不允許閱讀、不允許寫東西，甚至不允許抽菸。這種孤獨的禁閉環境會讓人想起以前那種透過休息療法治癒疾病的情況。當病人遠離親人或朋友後，不會有人對他們表示憐憫。那些在戰爭中遭受精神創傷的士兵，在這種隔絕的環境中生活一段時間後，他們的病情普遍都好轉了。當然，隔離的時間也不能太長。

事實上，這種將病人隔離起來的做法應該慎用，但對一些病情反覆的病人來說，又是必需的。只有當遭受精神創傷的士兵知道將他們禁閉的方法是存在的時候，他們才會準備放棄沉湎的負面精神狀態。因此，在很多情況下，禁閉的房間通常都沒有被使用，而在很多地方，這些房間都被當成住宿的房間。但是，這些禁閉房間已經完成了改變病人心態的作用，讓他們努力發揮自身的意志能量去控制病情。

正如皮爾斯．巴里醫生所說，對絕大多數病人而言，勸說的方法與正面的心理暗示已經足以治療疾病了。而要是這些治療方法都失敗的話，那麼自律的方式也同樣被證明是相當有效的。至於我們該以怎樣的方式在文明社會裡進行這種自律，又是另外一個問題了。不過這場戰爭至少已經讓我們清楚地看到，那些宣稱失去工作能力的精神病人，其實只是不願意去做而已，所以我們必須透過一些強制性的方法，逼迫他們走出這種心理惡性循環，只有這樣，他們的精神疾病才可能被治好。巴里醫生還說，患有「炮彈休克」的軍官人數遠多於士兵，且治療難度也很大，究其原因，很有可能就是因為強制性的治療方法很少會運用到軍官身上。

第十九章 婦科疾病與意志的關係

哦！女人的意志真的是一個無法捉摸的空間。

——《李爾王》（*King Lear*）

也許，意志能量的運用可以在治療婦科疾病上產生最理想的效果，對女性感到的一些不適具有特別的療效，依據就是個人對於身體的不適所做出的反應可以消除她們的抱怨情緒。那些有正常工作，平時注意鍛鍊，或是胃口好的女性，基本上都不會患有婦科疾病。當然，要是她們罹患某種婦科疾病，也必然會及時進行治療，儘管這個治療過程可能會讓她們感到痛苦。除此之外，還有很多的婦科疾病是由於女性片面的誇大所造成的，即便是身體的一些輕微不適，也會被她們嚴重誇大。這些女性往往平常缺乏運動與鍛鍊，消化能力也不太好。

我們也必須記住一點，假如女性每天不出去參加戶外活動，她們就很可能會對疼痛極為敏感。其實，這樣的事情對所有人都是一樣的。那些經常在戶外鍛鍊的人，很少會抱怨身體上的疼痛，因為他們的身體都處於極佳的狀態。而那些長期待在室內的人，則經常會對疼痛格外敏感。在室外騎車其實與在室外散步是差不多的，但前者對於降低疼痛的敏感程度是比較有幫助的。過去，女性整天待在家裡忙於縫紉、編織或其他家務勞動，晚上可能會看一會兒書，可以說她們一整天絕大部分時間都是待在室內的。在那個時代，女性參加運動會被視為一種失德。很多男性認為，女性的身體素質不是很好，要是參加運動，就有暈倒的可能。正是這種思想觀念，導致許多女性經常埋怨或是發脾氣。

最近幾年，年輕女性對體育運動的興趣逐漸高漲。現在，跑步已經是她們最喜歡的運動方式了，這樣的運動讓她們變得更加健康，且大大降低她們對疼痛的敏感程度。除此之外，運動讓女性遠離許多婦科疾病、遠離藥物。當然，女性在這些方面還有很大的進步空間，因為還有更多的女性需要參加戶外活動，只有這樣，她們才能過更自然的生活。從現實角度來看，那些三、四十歲的婦女都需要充分運用她們的意志能量，養成室外運動的習慣，因為這樣的興趣能幫助她們轉移對自身的關注，從而減少對疼痛的敏感度。很多時候，那些平常不鍛鍊的女性，會將一些原本是身體正常的疼痛感不斷誇大，從而認為自己患有某種嚴重的疾病，繼而產生自我憐憫，認為自己應該得到朋友的關愛。

過去的十幾年裡，很多女性都接受了許多並非必要的手術，究其原因在於，這些女性覺得自己身體很糟糕，且認為只有透過手術才能幫她們擺脫疼痛。當然，有些手術會阻止病情進一步惡化，但手術也會對身體產生不小的副作用。當她們躺在醫院的病床上，就進行自我說服，認為這樣做有助於身體健康。當然，病人在康復期間遵照醫囑合理飲食，這對她們的病情是有良好影響的，能給她們的心靈帶來全新的能量。毋庸置疑的是，很多女性的健康狀況在手術後都獲得提升，而她們反而將這種健康的提升歸功於在醫院的療養，認為醫院的護理給她們很好的照顧。其實，真正的關鍵在於，她們在醫院時沒有對病情進行自我誇大，而且還養成了一些良好的習慣。很多女性在手術後體重增加了，就是因為她們的飲食得到了正確的指導。這其實是她們健康狀況得到改善的重要原因。

有時，病人是需要手術的，因為對某些病人來說，要是沒有手術治療，可能根本無法存活。但著名的神經醫學家迪坎醫生在美國醫學大會上曾說，他經常觀察那些接受過幾次手術的病人，其中一些接受了比較複雜的腹部手術，造成她們抱怨的主要原因就是她們的神經系統出現了問題，而她們的身體其實並沒有出現任何病變。當然，我們有時也會在男性身上看到這點。我永遠都不會忘記在柏林時，在凱格尼醫生的診所看到的情景：一位患有腹部神經功能障礙的病人在接受了三次手術後，切除了闌尾。最後，凱格尼醫生認為自己應該在其結腸上刻下一句話：「這裡已經沒有闌尾了。」這位病人是一位年輕的士兵，他曾從馬背上摔下來而導致腹部神經受損。當然，在戰爭期間這就被稱為「炮彈休克」。

想保證我們的專注力沒有集中在自己身上，防止對身體出現的輕微疼痛進行誇大的自我渲染，就需要女性朋友們為自己的生活確立一個明確的目標。這場戰爭已經在這方面給我們提供了諸多的教訓。很多醫生會覺得病人的抱怨其實是最讓他們感到煩惱的。在戰爭爆發前，東部一個州的女子監獄曾歇斯底里症頻發，最後導致監獄方根本無法控制。這種精神層面的傳染很快就蔓延開來了，不少女犯人都會不斷地尖叫，撕扯身上的衣服，將身邊的東西摔個粉碎。監獄方請來著名的精神醫學專家會診，但最後都沒有什麼效果。當這場戰爭爆發後，監獄方要求這些女犯人負責編織襪子及毛衣，還有為軍隊製作國旗。神奇的是，這場監獄危機竟然消失了。在接下來的幾個月裡，沒有一個女犯人表現出歇斯底里的症狀。因為這些女犯人都把注意力投入到其他事情當中，沒有時間去關注自己的情況。

那些有所成就的女性幾乎從來不會抱怨什麼。正如大家所預期的，她們有很多事情要做，從而避免將過多的注意力放在自己身上，雖然有時她們會抱怨工作的一些細節做得不夠好，或是合作夥伴不夠認真等。在很多人看來，這些女性平時的工作都非常繁忙，所以必然會在一天工作結束後感到無比疲憊，從而導致身心處於很糟糕的狀態，但事實上並非如此。其實，成千上萬的女性正是因為秉承著對他人的同情之心，避免了對自身的過度關注，進而提升自身的健康狀況。大衛·哈魯姆曾說：「對一隻狗而言，身上有跳蚤是件非常好的事情，因為這能讓牠避免長時間思考自己是條狗的事實。」這看似不通情理的說法，卻又充分說明了一個道理，女性需要把更多的關注放在自身以外的事情上，從而避免小病、小災演變成嚴重的身體問題。

畢竟，對絕大多數女性來說，她們需要的是心理層面的興趣，而不是智趣方面的專注，這就是女性參與戰爭後勤的工作可以帶給她們好處的原因。這也是俱樂部生活、閱讀或其他方面的興趣通常無助於緩解女性身體疼痛的原因。女性通常會對孩子及病人表現關愛，當然她們可以透過前往醫院或對護理工作表現出濃厚的興趣來把關愛付諸實踐，但在很多時候，這種行為都不足以吸引女性最深層的興趣。在我們這個時代，那麼多女性會出現精神方面的問題，就是因為她們沒有生較多的孩子，當然還有很多女性沒有孩子，這會嚴重影響她們的身心健康。讓人感到遺憾的是，當前的家庭傳統是反對夫婦生很多孩子的，這意味著女性不再需要像以前那樣，將過多的精力投入在照顧孩子上，這部分的專注力就會轉向自身。當然，要是有人認為現代的這種思想應該消除，從而讓女性生育更多的孩子，讓家庭生活占據她們的時間與精力，肯定會被視為某種唐吉訶德式的想法。

就這方面而言，女性在生活中的確面臨諸多恐懼。生育率的逐漸降低，讓很多女性失去了心靈的寄託，而這種心靈寄託在她們年過中年後，就顯得尤為重要。很多時候，生活根本無法給她們帶來幸福快樂的滿足感，有的只是無盡的苦惱與悲傷。整個社會必須面對同樣痛苦的轉型，這的確是讓人感到遺憾的，因為追求安逸與舒適的生活最終被證明是女性患有疾病的重要根源。現在，人們已經了解到，不斷降低的生育率其實並不能代表男女在生理層面出現問題，更多的還是倫理方面的問題。對很多夫妻來說，更多的只是個人選擇的問題，而不再是生活的一種必然選擇。很多家庭現在都有意識地控制家庭規模，一般來說，女性會認為她們這樣做是很有道理的，因為她們認為自己必須要保持健康的身體，但生更多的孩子可能會對她們的健康造成某種程度的傷害。

誠然，生育一個、兩個或三個孩子的過程，對許多母親來說會帶來某種恐懼感，這樣的恐懼感常常都是集中在如何保持孩子的健康方面，當然還有她們身為母親的健康。其實，生育兩、三個孩子的母親，要比那些生育六個以上的母親更加健康一些。現在很多人認為，要是一位母親生育超過三個孩子，就可能嚴重損害自己的健康。事實上，過去的歷史就已經證明這種觀念是錯誤的，因為以前婦女通常會生育很多孩子，從而組成一個大家庭，但那時代的婦女，其身體狀況一般都比現在的婦女更好，儘管現代人有更好的藥物及醫療設備。更重要的是，生育多個孩子的婦女通常都更加長壽，且能活得更開心，不像那些晚年沒有孩子陪伴的老人，對那些孤獨的女性來說，想長壽是十分困難的。現代很多女性擔心生育過多的孩子會損害自己的健康，這種擔心從人類的歷史進程來看，是完全沒有根據的。

還有一些經過認真整理的資料也可以證明，過去那些長壽的女性都是生育多個孩子的母親，這樣的印象是很多人都有的，但這種印象其實是有資料事實作為支撐的，這似乎就是人類的天性對於自然呼喚的一種回應。當然，對於那些生活在貧民窟裡的母親來說，要她們生育多個孩子，就必須非常辛苦地養育，個中的艱辛可能會讓她們比一般的女性更早去世。不過，對新南威爾斯州地區的調查資料顯示，那些壽命很長的女性基本上都是生活條件相對優越、生育孩子的數量在五到七個的人。而在美國，一項對富有家庭的研究顯示，那些最健康的孩子基本上都是在大家庭裡生長的，而那些在小家庭裡成長的孩子，其健康狀況並不是很好，因為這些孩子經常會有體弱多病或出現神經功能障礙等疾病。亞歷山大・格雷姆・貝爾（Alexander Graham Bell）在對海德家族的調查中發現：在一個孩子數量超過十個的家庭裡，母親通常都是非常長壽的。很多人會認為，生育這麼多孩子會讓母親筋疲力盡，從而讓每個孩子都缺乏足夠的生命活力，不像生育兩、三個孩子的母親那樣充滿精力。但事實並非如此。那些生育多個孩子的母親通常健康狀況都是非常好的，而她們的孩子也非常具有活力。其中最為突出的一個特點就是這些母親都非常長壽。

簡言之，困擾許多母親的一種恐懼就是，她們擔心要是自己生育太多孩子的話，生育的過程會削弱她們的身體能量，或是向後代遺傳某種疾病，因為她們覺得重複生育的過程，可能無法給孩子充足的營養。這些恐懼感都是毫無根據的。其實，事實恰好與此相反。當自然呼喚母親去釋放出她最大的能量時，她就應該以滿懷歡喜的心情回應，自然會賜予孩子足夠的天賦，也賜予她良好的健康狀況作為回報。

關於女性生育的年齡，上面的話同樣適用。現在我們已經知道，女性在二十歲到二十五歲之間的生育死亡率是最低的，有人會說，要是在這個年齡層之後生育孩子，可能會造成孩子遺傳上的傷害。當然，對那些生育第一胎的大齡女性來說，事實的確如此。不過經過觀察與資料的統計，要是女性連續生育的話，生下的孩子可以保持健康狀況持續到第七胎。且同一位母親生育的孩子之間，體重差別通常在零點五磅左右。所以說，在生育第一胎後，接下來生育的每個孩子都會比之前的孩子更加結實與充滿活力。

最近醫學界所公布的研究成果完全否定了先前那些錯誤的觀念，即認為女性生育率過高會對人口素質產生嚴重的影響。因為在美國土生土長的生育率不斷下降，而外來移民的生育率則越來越高。如果一個家庭只有一個孩子，那這個孩子必然會受到家人的溺愛。若從社會層面來看，只生一個孩子的家庭很難比家中有兄弟姐妹的孩子更加健康。萬一這個孩子夭折了，其母親就無依無靠了。即便孩子健康成長，也很可能會成為這個家庭的中心，而變成一個自私之人，這同樣會帶給家人許多焦慮與不安。很多女人都將自己晚年的體弱多病歸結為年輕時不敢承擔母親的責任，從而覺得自己的後半生無比空虛，覺得人生還可以變得更加精彩一些。

願意讓自己的人生對他人更有價值些，而不單純是為了自私的欲望、過舒適的生活而努力，這是很多女性保持健康與幸福的重要祕密。即便是對身體有缺陷的女性來說，她們在懷有這種心態之後，基本上也不會抱怨這些事情。要是一位女性沒什麼事情可做，只能將精力浪費在照顧一、兩隻狗上，我們很難想像她能將專注力從自身的痛苦中轉移出去。所以這種女性注定是痛苦的，因為每個人都必然會遇到一些痛苦的事情，這是不可避免的。若她們沉浸在這樣的思想中，只會增加痛苦，最後變成一種自我折磨。很多婦科疾病都是可以透過這種方式去解釋的，因為這些疾病都很難從病原學的層面進行科學解釋。若醫生給這些最喜歡抱怨的女性一些事情做，她們的症狀很快就會消失，因為注意力已經轉移到其他事情上了。

勇敢地面對自然賜予女性的母性，是每一位女性的責任，也是幫助女性預防精神官能症的最好方法。若女性勇於承擔這樣的責任，她們的勇氣就能防止這種病態精神的出現。對自身及孩子的恐懼心理通常會讓她們找尋不同的人生道路，但這種恐懼心理最後被證明是毫無根據的。現在，戰爭已經結束，不再需要女性參與其中了。但我們必須記住一點，那就是家庭責任是解決自我沉湎這一毒藥的最好良方，這甚至比治好之前談到的自體中毒更加有效。勇敢地承擔重要的責任是解決男性疾病的最佳良方，對女性來說也是如此。不過，讓人感到遺憾的是，最近幾年很多女性都選擇逃避自己的責任，不願為履行這種責任而付出代價。當她們對生活的不滿慢慢累積後，更無法承受在履行職責過程中所需付出的努力與接受的考驗。

電子書購買

國家圖書館出版品預行編目資料

意念的治癒力：習慣破除 × 飲食調理 × 精神診療，十九世紀神經學大師帶你用意志克服生心理困境 / [美] 詹姆斯．約瑟夫．沃爾什（James Joseph Walsh）著，佘卓桓譯 . -- 第一版 . -- 臺北市：崧燁文化事業有限公司，2023.01

面；　公分

POD 版

ISBN 978-626-332-914-0(平裝)

1.CST: 意志 2.CST: 心理衛生

173.764　111018625

意念的治癒力：習慣破除 × 飲食調理 × 精神診療，十九世紀神經學大師帶你用意志克服生心理困境

臉書

作　　者：[美] 詹姆斯．約瑟夫．沃爾什（James Joseph Walsh）

翻　　譯：佘卓桓

發 行 人：黃振庭

出 版 者：崧燁文化事業有限公司

發 行 者：崧燁文化事業有限公司

E-mail：sonbookservice@gmail.com

粉 絲 頁：https://www.facebook.com/sonbookss/

網　　址：https://sonbook.net/

地　　址：台北市中正區重慶南路一段六十一號八樓 815 室

Rm. 815, 8F., No.61, Sec. 1, Chongqing S. Rd., Zhongzheng Dist., Taipei City 100, Taiwan

電　　話：(02)2370-3310　　**傳　　真**：(02) 2388-1990

印　　刷：京峯彩色印刷有限公司（京峰數位）

律師顧問：廣華律師事務所 張珮琦律師

定　　價：330 元

發行日期：2023 年 01 月第一版

◎本書以 POD 印製